产业集群学术译丛

总主编：马璐

服务化、信息化和创新模型
两阶段产业集群理论

SERVITIZATION, IT-IZATION AND INNOVATION MODELS
TWO-STAGE INDUSTRIAL CLUSTER THEORY

吴佳 徐雨婧　译
【日】藤原平川 【日】考沙莱什 主编

北京市版权局著作权合同登记：图字：01-2018-6859

Servitization，IT-izationand Innovation Models：Two-Stage Industrial Cluster Theory

Copyright ⓒ 2013 by Hitoshi Hirakawa，Kaushalesh Lal，Naoko Shinkai，and Norio Tokumaru，individual chapters；the contributors

Authorised translation from the English language edition published by Routledge，a member of the Taylor & Francis Group.

Copies of this book sold without a Taylor & Francis sticker on the cover are unauthorized and illegal.

All rights reserved.

版权所有。本书中文简体版由 Taylor & Francis Group 授权经济管理出版社在中国大陆范围内独家出版发行。未经出版者许可，不得以任何方式抄袭、复制或节录本书中的任何部分。本书封底贴有 Taylor & Francis 激光防伪标签，无标签者不得销售。

图书在版编目（CIP）数据

服务化、信息化和创新模型：两阶段产业集群理论/(日) 藤原平川，(日) 考沙莱什主编；吴佳，徐雨婧译. —北京：经济管理出版社，2021.1
ISBN 978-7-5096-7735-3

Ⅰ.①服… Ⅱ.①藤… ②考… ③吴… ④徐… Ⅲ.①产业集群—研究 Ⅳ.①F263

中国版本图书馆 CIP 数据核字（2021）第 025447 号

责任编辑：王格格　丁凤珠
责任印制：高　娅
责任校对：赵天宇

出版发行：经济管理出版社
　　　　　（北京市海淀区北蜂窝 8 号中雅大厦 A 座 11 层　100038）
网　　址：www. E-mp. com. cn
电　　话：(010) 51915602
印　　刷：唐山昊达印刷有限公司
经　　销：新华书店
开　　本：720mm×1000mm/16
印　　张：12.25
字　　数：206 千字
版　　次：2021 年 3 月第 1 版　2021 年 3 月第 1 次印刷
书　　号：ISBN 978-7-5096-7735-3
定　　价：88.00 元

·版权所有　翻印必究·
凡购本社图书，如有印装错误，由本社读者服务部负责调换。
联系地址：北京阜外月坛北小街 2 号
电话：(010) 68022974　　邮编：100836

丛书编委会

总主编　马　璐　卢志平

委　员（按姓氏拼音排序）

陈朝晖　管仕平　黄庚保　廖志高

林丽萍　潘清泉　魏　锋　祝　新

产业集群的理论研究广泛地应用于经济学、管理学等专业领域。企业战略管理领域对集群现象的研究最早可以追溯到 1820 年 Weber 的《工业区位论》和 1890 年 Marshal 的《经济学原理》。20 世纪 90 年代以来，以波特和克鲁格曼等为代表的学者关于产业集群的研究逐渐在国际学术界产生重要影响。波特 1990 年在《国家竞争优势》一书中最早明确提出"产业集群"（industrial cluster）这一概念；2003 年波特进行修正后更注重描述构成产业集群中各主体之间的内在关系，他认为"产业集群是指某一领域内的企业或机构，在地理上相邻、互相连接、彼此共通"，这一概念随后在学术界被广泛使用。随着科学技术革命的不断推进以及全球经济化的快速发展，国际之间的竞争和国内地区之间的竞争越来越激烈，信息、知识、科技等重要因素在企业生产运行中的作用占据重要地位，不同技术产业在地理上越来越呈现集中趋势。研究发现，在科学技术飞快发展的今天，区域的地理位置在经济发展中的作用不仅没有减弱，反之，地理位置的优势显得尤为重要，产业集群已经变为现代各国竞争中创新产业的一个相同的特点，已经成为世界上引人瞩目的区域经济发展模式和产业发展的重要组织形式，越来越引起国内外学界、商界和政界的广泛重视。

产业集群实质上是一种生产组织方式，区域可以对产业集群进行培养和发展来达成区域的经济目标，因此产业集群也是区域经济发展的战略方向。它是现代产业在区域经济发展活动中呈现出的一种新的发展方向，它不仅仅出现在大量的传统工业、制造业中，也逐渐渗透在电子信息、金融、生物制药等高新技术行业领域中。作为一种产业组织形式，产业集群可以发挥规模经济和范围经济效益，不仅能够降低企业的生产、运输、交易、营销等成本，而且有利于企业间共享资源，进而有利于提高企业的技术创新能力，提高生产效率和产品质量，增强产业核心竞争能力。虽然产业集群对经济增长有着重要的作用，但是系统归纳总结产业集群演化规律的研究近几年才引起学者们的关注。中国产业集群起步于改革开放之初，于20世纪90年代中期得到快速发展，已成为促进区域经济发展、提升我国产业国际竞争力的有效驱动。然而，产业集群至今仍没有一个公认的定义，存在许多相似的概念如企业集群（中小企业集群）、区域集群、产业集聚、产业区、新产业区、块状经济等。尽管学术研究中产业集群存在不同的称谓，但研究对象是相同的，即以业缘关系为纽带、具有产业关联性的企业及相关机构在特定地域集聚的现象。

产业集群的研究内容既丰富又复杂，很难用一本著作对其包括的所有议题进行深入的论述。从微观到宏观，从理论到政策，从技术到环境，其所关注的视角既存在差别，又有着密切的内在联系。因此，为更好地指导企业进行相关实践活动，这套丛书主要从国外优秀的产业集群著作中筛选出一小部分，从产业集群的动态发展模型、创新集群以及边远产业集群的营销管理等方面对产业集群的相关问题进行探索式研究。本套丛书主要包括：

《复杂性和产业集群：理论与实践中的动态模型》，从复杂性的一般理论入手，讨论复杂性与动态经济及工业区间的关系以及区域动力学的一般模型，进而用复杂性理论讨论产业集群问题，构建起产业集群复杂动态性的通用模型，并结合全球层面具有标志意义的案例对产业集群的形成和发展进行分析，以期能够为今后研究打开一个新的研究领域。《高技术产业集群增长机制：发达国家与发展中国家的集群企业比较》，通过将集群与集群相关的政策、技术和自然资源、创新区域和创新企业、技术政策和技术管理相结合，基于对发达国家和发展中国家集群中的高技术企业不同增长率的观察，分析了技术政策的有效性和效率，并探讨了解释高技术企业卓越业绩的因素，这将有助于发达国家和发展中国家的技术政策的改进。《从集聚到创新：新兴经济体的产业集群升级》，将研究主题聚焦于在产业集群形成的不同阶段，影响产业集群包括创新过程的制度和经济因素，并对公共干预的可能性以及如何促进产业集群的研发与创新活动加以考虑，旨在更好地理解本地创新体系，从而提出相应的政策建议。《本土产业集群：存在、出现与演进》，从理论与实证层面捕捉本土产业集群的一般性特征和先决条件，通过构建一个数学模型，对集群现象的动态性和本土集群演进需要满足的条件进行分析，并结合德国本土产业集群，对集群的存在、稳定性以及对集群存在有影响力的产业特征进行案例研究。《服务化、信息化和创新模型：两阶段产业集群理论》，聚焦于在产品 IT 化和服务化方面的二阶段产业集群理论及其创新模型，通过提出二阶段集群的形成构想，对中国大陆和中国台湾地区公司的消费电子产品和移动手机这两个产业部门进行实证分析，并着眼于东南亚国家和地区的工业产品服务化领域，分析和探讨了一种存在于新的商业环境中的公司战略行为。《汽车与信息通信技术产业集群：创新、跨国化和动态网络》，将产业集群的研究主题聚焦于欧洲和美国的信息通信技术和自动化产业，通过对具体国家和地区区域创新系统以及集群政策的实证研究，得出一些新的分析结果，并对区域政策制定者提出相关政策意见。《集群与产业集群中的商业网络：全球价值链的管理》，从全球价值链与产业区和集群的知识与创新产生过程两个概念性的方向，分析知识扩散的内外部机制，通过收集在全球化背景下一些产业区和集群通过远程外包链、FDI、远程研发合作等方式重新定义其在企业网络不同的和互补的观点，揭示了在产业区和集群的背景下外部知识获取的过程，为知识扩散的内外部机制及"在边界"学习提供了一些新视角。《边远集群中的市场营销管理：对 B2C 营销的影响》，将研究主题聚焦于边远产业集群中的营销管理问题，通过案例分析方法来研究市场营销管理根植于边远产业集群的运营和策略的原因，对边远产业集群的形成、内部和外部信息需求、市场营销管理业务和策略以及信息科技问题进行了相关分析，以期深化对边远产业集群形成和市场营销嵌入其运营和策略过程的复杂性的理解。

总之，在经济全球化趋势下，产业集群对区域经济发展的地位不仅没有被削弱，反而成为区域和产业发展获取持久竞争优势的重要来源。中国当前面临着经济转型的压力，迫切需要理论界和实践界对存在的问题进行理论上的解释和分析，提出合乎产业发展规律的政策措施。国内的一些学者对于产业集群的研究同样进行了有益的努力和探索。但是中国在产业集群方面的研究起步较晚，国内学者们大多数是在国外研究的基础上继续延伸与拓展。翻译并非是一件容易的事，而且是极具责任的一件事，从某种意义上讲，翻译人员所翻译的国外著作能够产生的社会收益要远远大于其个人收益。我们一方面希望这套产业集群译丛能够为中国产业的优化升级提供直接借鉴和比较；另一方面也希望国内的研究人员和政府部门的决策人员都能在这套译丛中得到启迪，以期能够为相关经济政策的制定提供一定的帮助。若读者能从中有所收获，本套丛书的译者和出版社都将深受鼓舞，我们将会对国内外产业集群研究领域的最新动态进行持续追踪，将国外最前沿、最优秀的成果不断地引入国内，进一步促进国内产业集群的相关研究的发展和繁荣，为协调和促进区域经济的发展提供参考价值。

这本书主要集中介绍了聚焦于产品 IT 化和服务化方面的二阶段产业集群理论及其创新模型。在过去的数十年中，产业集群的形式已经成为发展中国家促进产业发展和出口业绩的一种偏好组织形式，就像出口加工区和经济特区。关于发展经济的现有文献表明产业集群有诸多益处，其中若干国家获益显著。

通过提出二阶段集群的形成构想，本书超越了传统产业集群发展的评价。同时，通过对中国大陆和中国台湾公司的消费电子产品和移动手机这两个产业部门的实证研究，此书还提出了创新理论。

最后，本书着眼于以工业产品服务化为主导的新商业环境中的公司战略行为。提出，企业应当在更大程度上整合现有的制造业和服务产业，并提供来自印度、中国台湾和孟加拉国的经验证据来证实这些论点。

Hitoshi Hirakawa 教授，专业方向为亚洲经济学，就职于名古屋大学研究生院经济研究中心，同时为中国的南开大学日本经济研究方向的访问学者。他先后执教于东洋经济大学、茨城大学及日本其他院校机构。Hitoshi Hirakawa 教授毕业于东京大学，取得经济学博士学位。在这之前，他毕业于明治大学，取得经济学硕士学位。

Kaushalesh Lal，在荷兰鹿特丹伊拉斯谟大学获取博士学位。他在坎普尔大学获得物理学硕士学位，同时从印度德里大学获得运筹学硕士学位。在 2003 年加入荷兰联合国大学（UNU）之前，他在德里大学经济发展机构执教约 21 年。他曾经完成了一为期六年的联合国大学项目。目前，他加入了联合国大学。

Naoko Shinkai 是名古屋大学国际发展研究生院的副教授。在发展经济学和国际经济学领域，包括在贸易政策、劳动效率，增长和收入分配、财政部门管理、工业化发展和减缓贫困战略具体问题上，她有多年的研究工作经验。她在美国密歇根大学安娜堡分校修得经济学博士学位。

　　Norio Tokumaru 是名古屋理工学院的副教授。他的研究方向在于从制度和进化论视角下，研究东南亚的 ICT 相关产业的变化创新系统，涉及印度、中国以及韩国。

目录

服务化、信息化和创新模型

在亚洲，经济学起源于 20 世纪 70 年代从韩国、中国台湾、中国香港和新加坡新工业化经济（NIEs），近年来，亚洲经济成为全球经济活力的中心。就其经济发展的模式而言，亚洲市场不再被作为一个独立的区域或者局限于它内部现有的构成国家。此外，亚洲市场已经明显独立于海外市场和外部区域。他吸收了国际市场上成熟的技术，同时，作为全球产业链的一部分取得了经济发展。亚洲新兴市场经济的发展路径显得与众不同，例如，从基于全球制造业发展的经济增长路径转换为基于全球服务产业的增长路径。

事实上，在亚洲国家之间，经济发展的路径有所不同。在发达国家限制工业产业发展的同时，新型工业化国家、东南亚国家联盟（ASEAN）以及中国在制造业产业中参与了劳动力的国际分工，并获得了经济的高速增长（Hirakawa and Aung，2011）。与此同时，在印度，通过从其他地区外包服务产业，例如信息化技术（IT）部门，已经成为经济增长的引擎。目前业务外包的发展路径，和它最初的发展阶段相比已经发生了变化。相对低廉的劳动力如今已比较少见，商业流程的外包（BPO），或者间接操作的外包乃至知识流程的外包，一些类似于策划咨询这种知识密集的工作也被外包，以上这些都可以在新兴国家市场上发现。在经济历史进程中，服务产业全球化引领的经济发展路径首次出现。然而这种发展路径，在发展中国家和发达国家中尚未得到广泛的认可和足够的分析。

接下来，介绍书中两种主要的研究目标。首先，通过对南亚 IT 产业部门的实证研究，我们认为全球化服务产业正引导经济发展。其次，我们尝试对数字化和服务化经济在产业发展中，诸如中国和中国台湾这些全球制造业国家和地区，得益于此的程度进行评估。对于第一个问题的研究聚焦于南亚，这是因为该地区被认为是全球服务产业发展的经济集群。服务产业全球化被视为经济服务产业化的一部分。IT 产业的进步也确实可以成为这种全球化经济形式的动力。鉴于以上原因，阐明南亚和东亚地区数字化和服务化的角色定位对于理解当前亚洲经济发展所处的阶段是十分必要的。

本书几乎所有章节都与"产业集群"的概念相关。数字化和服务化也许并不能意味着"世界是平的"，这一概念由托马斯·弗莱德曼于 2005 年提出，但是，主要的知识和信息中心确实仅存在于少数城市中，产业集群也是如此。因此，目前对产业集群的研究，有利于加深对知识产业将来在亚洲如何扮演一个重要角色的理解。

产业集群的演变同产业化进程有着同样的时间历程，在产业化进程中，早期公司的选址偏好于那些易于取得相关生产要素的地方。经过时间的推移，这些地方成了特定产业的自然选择，就像 IT 产业一般会聚集在美国加利福尼亚的硅谷和印度的班加罗尔。在产业化进程中，发展中国家和发达国家的政府意识到了产业集群的潜在收益，并形成了一种以政府为主导的产业集群的概念。这些集群包括工业区（IZs）、产业公园（IPs）、出口加工区（EPZs）以及经济特区（SEZs）。以 IT 产业为例，产业公园可以被进一步细分为软件技术公园（STPs）和硬件技术公园（HTPs）。产业区在发展中国家通常是一个特定产业的小公司的聚集地，例如鞋业、服装业或者电子商务的聚集地。

地理上的集群有很大益处，第一，产业集群可以提高公司之间的相互学习、信息的双向交流以及产业专业知识的易获取性。集群这种形式通过若干方式帮助公司之间相互学习，例如小型公司可以通过买家和供应商的交易获取它们的有用信息。在信息的双向交流方面，例如，公司通过客户和供应商之间的交流，可以提高其产品的质量和客户满意度。同时，集群这种形式也可以帮助公司在不同的商业流程过程中获得专业的细分知识，例如采购、市场、法律、会计、研发及分配方面。第二，产业集群的好处在于可以从同类型公司的交易中学习。在地理集群中，可以很容易地不动声色地学到在一个产业中如何处理事情的知识。地理上的邻近有利于获取那些通过观察和联系才能得到的隐性知识。第三，产业集群使专业细分劳动市场的信息更充分。这些专业的劳动者可以通过两种方式帮助扩散知识：通过相互之间的交流以及在同一区域内不同公司工作一段时间。因此，产业引导和技术创新可以在一个集群内的不同公司之间快速交流。

多年以来，全世界的政府组织都在鼓励产业集群这种形式，公司在此过程中收益颇多。上文提及的各种类型的集群被认为是第一阶段集群。在我们讨论第二阶段产业集群之前，必须了解作为第二阶段集群的大型跨国公司组织是第一阶段集群"垂直分解"和"垂直非整合"的结果。在发展中国家经济自由化以前，大型公司在它们的母国是集中的。随后，跨国公司（MNCs）开始在发展中国家设立制造车间来获取机会并形成高度的垂直整合。随着时间的推移，当地企业在制造外部设备的组装能力上得到发展提升。以上这些就是发生在东道国的"溢出效应"。结果，许多新的小型公司，就像大型跨国公司的附属品一样，在东道国产生。这些小型公司提供的产品的价格比大型公司同类产品的价格低很多。大型公司发现发展外包低端技术的制造生产活动更为经济，20世纪80年代的中国台湾和韩国的半导体产业就是一个很好的案例。总体来说，这些过程导致了大型公司的垂直分解。

同时，这些大公司也在经历着垂直非整合的过程，这些在本书的第二章会进行更详细的阐述。在产品的新体系中，中间产品被独立的、高度分工的公司生产，这些公司的核心能力在于生产数量有限的组装产品，例如电子产业中的印刷电路板。这种产品模式能够提供若干优势，这些在第二章中也会进行讨论，这种新的商业模式导致在一个特定的产业中许多高度专业化的小型公司的产生和聚集。这种新的产品体系建立在公司的垂直非整合的过程中。

在本书中，我们假设在特定产业的中间产品生产方面，会形成这些公司的聚集。比方说，在IT产业中，专业公司可以参与设备接口的软件程序编写步骤、异步的装置中数据交换应用及其他内容。这些接近第一阶段集群附属行业的公司形成的集群，对于消费者来说有望带来像最终产品制造公司一样多的优势。这些新形式的集群便是第二阶段产业集群。就像第二章阐述的那般，这些集群不仅使得一个特定的产业更具有竞争性，而且也提供了更多的创新机会。

产业细分的特质同样也促使了大量小型专业化公司的形成，例如，在一般的电子产业领域以及在特定的消费电子领域，已经有大量的小型公司在生产嵌入式软件系统。最终产成品利用 IT 产品的程度被定义为 IT 产业的附属品。电子产业已经使软件直接应用到最终产品中，在这过程中，造就了大量的小型软件公司。因此可以说，IT 产业的产品促进各类专业公司的形成，反过来，迫使第二阶段的产业集群成为需要。

第二章着重阐述了东亚经济第二阶段集群的形成，其目前的表现已经超过了在国际市场上的第一阶段的工业集群，例如，IT 部门的出口加工区、经济特区以及技术园区。在目前的商业环境中，全球化占主导地位，在激烈的竞争中，公司不仅追求廉价的人力成本同时也在追求市场份额。大部分发展中国家和东亚国家存在着巨大的市场潜力，这会促进以当地市场为核心的第二阶段的产业集群去创新。新兴产业国家在形成第二阶段集群的可能性很大，就如它们已经成功通过第一阶段的集群并形成了相当强大的竞争力。产业集群的完整理论在第二章中已经清晰阐明，这与经过相当长的时间研究出的第二阶段的产业集群理论（Knowuchiki and Tsuji，2011）具有一致性。

第二阶段产业集群促进创新。这是因为新技术的知识是难理解和稳定的，在创新活动聚集的地理空间上可以产生更多知识的碰撞，因此，一个高能级的产业集群可以产生更多的创新输出。技术系统的公共设施、高等级的顾客需求以及公司间竞争所产生的隐性知识是十分重要的，他们都可以引导创新。这是因为，当一个产业部门中的若干公司集中在一个区域，尤其是技术人员集中在那里时，将形成劳动者和公司双赢的局面。这种信息的传输促使一种新技术的萌生，继而提升了创新能力。在一个二阶段的产业集群中，供给方面的重要外部性是通过两个相邻公司在生产过程中与知识传播的正向外部性体现出来的。正如第二章提到的，地理上的邻近为面对面的交流和信任的建立提供了机会。

第三章证实了一个普遍的概念，即发展中国家并不适用于原本的发展模型，发展模型可以被别国其他因素影响。在这一章中，我们清晰地证明了"晚来者：雁行模式"和"迟迟晚来者：挤压型发展"所涉及的模型。尤其是，它集中研究了中国企业在消费电子和移动手机产业中，基于产品模型化、生产容量和技术能力方面所追随的商业模式。

这种发展模型的变化促使中国企业在生产容量和技术能力方面的提高。在模型中，这种变化促使中国企业在标准化和行业整合方面的发展，但是技术能力并没有取得同步发展。然而，生产能力和技术能力的差异程度在不同产业中也有差异：在一些标准化产业中，这一比例相当高，然而在整合产业中就相对较低。同样地，构造知识和关键成分知识的差异程度也不尽相同：在标准化产业中，差异程度相当高，但是在整合行业中相对较低。换言之，在标准产业中，中国公司的技术能力受限于低端技术活动，然而在整合行业中，中国公司已经积累了构造知识和一定范围内的关键知识。基于在生产能力和技术能力之间差距的政策缺口，第三章提出了相应的政策建议。如何去缩小构造和关键成分的知识之间的差距、如何去提升技术能力，这对于中国的政策制定者而言，是一种挑战。

在 20 世纪 80 年代，由 Sandra Vandermerwe 和 Juan Rada 定义的"服务化"概念中增加了更丰富的市场打包产品，或者说是消费者集中组合的商品、服务、支撑技术、自助服务和知识的"捆绑"，通过这种形式上可以增加商品的市场份额。制造业和服务业之间的边界逐渐变得模糊，无形资产和服务成为价值创造的来源，甚至被称作"生产"要素，引导着信息通信技术相关的服务产业的发展。第四章中，通过重点关注中国台湾信息通信技术生产的本质、特征和挑战，以构建服务创新的"黑盒子"以及在公司层面上的商业模式的变化。尤其是随着有关中国台湾信息通信技术制造业的服务化讨论变得更为普遍，本章通过呈现 HTC 公司和广达电脑公司的详细案例研究，对涉及的商业模式进行更加深入的研究。

本章提到大量新的商业模式和制造业普遍采取的竞争战略，采取这些竞争战略的主要目的在于实现制造者和客户双方的价值。制造业和服务产业之间上述提及的逐渐模糊的边界，更进一步来说，制造业服务化的重要推动力量来源于大量的制造商，其中包含了上述提及的中国台湾的信息通信技术的制造商。基于产业现实的背景，尤其涉及手机设备的数字化服务和云计算，推动了中国台湾的一些信息通信技术的市场参与者，开始注重在所有产品和服务打包的"混合供给"及"完全供给"。因此，中国台湾的信息通信技术制造商在关键技术上已经遥遥领先，同时硬件和系统/附属系统的模型化和体系结构的开放性也成为行业特征。

制造商对于制造产业服务的追求，也许可以作为一个企业内部或者企业之间的创新体系（EIS）被加以解释。不同于传统的制造业，研发以及创新行为在一个公司或者一个部门中单方面地在进行。在制造业的服务化中，研发及创新行为可以发生在公司层面的战略重组中，公司内部及公司之间的组织及机构关系、能力建设以及一种新的定价收益模型中。相反地，在全球生产网络（GPNs）和全球创新网络（GINs）中，中国台湾信息通信技术企业的特征与其他原始设备制造商（OEM）/原始设计制造商（ODM），与模块化的生产体系的支配应用制造商明显不同。

在讨论中国台湾信息通信技术（ICT）企业的产业升级问题上，树立原始设计制造品牌形象仍然是一个重要的问题。随着人口增长、公司品牌化以及原始设计制造的分包商的发展，制造业服务化的快速增长趋势越发明显。同时这也是超越现有处理模块框架结构中的硬件和系统/附属系统以及开放的系统结构能力的结果。尤其是，品牌公司如今可以通过合适的平台或者界面组装它们的产品，将它们的相关服务传递给终端的使用客户。这么做时，它们已经在服务和产品结构之间找到了一个平衡点，而不仅仅是对硬件的标准化产品结构的简单创新。

第四章中总结到，对于原始设计制造商而言，在处理云计算过程中，为了实现相似的整合产品结构，需要对复杂产品系统（CoPS）整合，这包括大量上下游商业供给的系统整合。另外，品牌公司和原始设计制造商（ODM）都在增强它们在服务和一些创新倾向的商业模式方面的战略控制能力。

在第五章中，Balaji Parthasarthy 尝试将信息通信技术企业的成功与国内和当地政府创造的机构环境联系起来。在这一章中重点分析了过去三十年来，印度信息通信技术企业的发展，以及对将其成功归因于技术劳动力的取得和政府驱动这种观点的质疑。在 20 世纪 70 年代和 80 年代早期，主要的信息通信技术企业开始产生，但是在国内和国际市场上都没有产生较大的影响。事实上，自部门起步开始它们就关注国际市场，但是由于印度市场上产业政策缺乏自由性，其并未获得成功。然而，当印度经济在 20 世纪 80 年代晚期开始市场自由化时，这个国家的信息通信技术企业开始发挥优势并且最终在国际市场上占得一席之地。

同时，印度政府也支持国内的 IT 产业部门形成产业集群。尽管硬件产业也获得了同样的政策支持（例如，电子硬件技术园区）和软件技术园区（STPs），但其不如 IT 产业成功。同样地，信息通信技术企业主要被软件和服务产业引导，这些都可以归结于国内软件技术园区的形成（STPs）。印度的信息通信技术企业的产业服务化开始于 20 世纪 80 年代，当时的规模小于 1 亿美元。随着市场政策的自由化，1984 年的"电脑政策"以及 1986 年的"电脑软件出口发展培训政策"发挥了作用，促进出口优势的形成。在 20 世纪 90 年代早期，以早期软件及服务企业国家联合会（NASSCOM）成立为标志，印度关于以出口为导向的软件技术园区计划已经形成。在软件出口的离岸市场份额方面，从 1990 年的 5%增加到了 2000 年 1 月的 38.6%。随着跨国公司的入驻，例如 IBM 公司在印度班加罗尔成立了联合发展中心（ODCs）和软件工厂，提出了技术劳动力以及先进的技术设备。

在出口市场上的增长促使技术研发服务更快地发展，"金字塔顶尖"（BOP）市场也在快速发展。在供给侧方面，1999 年发布的印度电信新政策强调了"世界级"远程通信架构和社会经济发展的关键信息条款。诸如 Hewlett-Packard（HP）、微软、摩托罗拉和西门子公司很快在印度班加罗尔成立了研究中心，对那些不只是简单提供服务的未开发国家，尤其是忙于服务在"金字塔顶尖"市场，这些公司表现出了很大兴趣。这一章归纳总结了创新及产品发展，其最初应"金字塔顶尖"的需求响应所提及，如今被进一步拓展出口，这也确实有助于一些公司在发达国家发展新的市场。

第六章通过分析当前增长的挑战和印度 IT 服务和软件工业的未来收益，提出了"动态能力"的观点。本章研究了关键公司层级基于感官、获取和配置动态能力的创新。假设同盟协同可以形成一个系统的创新管理体系，探索新的可持续性商业模型，对当代知识产权进行投资，形成创新以及供应链的职能管理。这一章更深入地总结概括了印度 IT 产业部门的国内创新行为。

正如前文总结，第二章到第六章阐述了全行业关心的问题；接下来的三章将聚焦于对以上问题的分析研究。例如，第七章对印度 IT 部门的表现、政府主导形成的产业集群的增长以及在孟加拉国非政府行为的产业集群进行评价。本章对这两个地区过去的二十年 IT 部门进行了对比分析。在 1995~2000 年，印度 IT 产业部门实现了国内销售市场年均 40%的增长率以及在出口销售市场 52%的增长率。相较于印度，孟加拉国的 IT 部门是一个新兴市场，但是在出口收入的数据中已经显示了成长性。根据孟加拉国银行报告，2005 年 6 月，软件和 IT 服务的出口收入为 2701 万美元，同比增长 113%。20 世纪 80 年代在印度建立的 IT 工业园现在仍广受关注，而孟加拉国直至 2011 年才开始建立 IT 工业园。

第七章也对以上两个国家 IT 产业部门在公司层级上的行为进行了比较说明。孟加拉国有 500 多家注册的 IT 公司，其中 30% 以出口为导向。上述研究的样本为孟加拉国的 202 家坐落于达卡（孟加拉国首都）的公司。这些研究表明，在 2006 年和 2007 年，软件公司的产品销售增长速度有所下降，但是 2008 年又有反弹。将近 55% 的公司受全球金融危机的影响。这些公司的总利润相当于 2008 年全部利润的 15%，对于那些中型规模的企业来说利润下降得更加厉害。通过观察发现，在电子商务、网站发展和企业资源计划（ERP）解决方案软件的公司之间，IT 专业知识具有很高的流动性。这些结果也同时表明，在 2006 年 7 月，中小型公司的雇用数量和效率增长受到了负面的影响，但是那些成立五年以上的公司并未受其影响。然而，电子商务有效提升了大型公司的效率。

第七章中与印度企业相关的研究表明，在 2007 年和 2008 年间，IT 公司基于它们的管理战略，形成了对全球金融危机不同的表现。尽管销售业绩有所下滑，印度班加罗尔的公司为了保持竞争优势仍然雇用工程师，但印度新德里的古尔冈以及印度新德里的诺伊达为了保持销售利润率的增长减少了工程师的数量。对于培训的影响，不同区域的 IT 中小型公司在整体表现出差异。孟加拉国的那些公司比古尔冈和诺伊达地区的公司更为资本密集。在公司效率的提升方面，劳动力的投入承担着一个很重要的角色，另外，在古尔冈和诺伊达培训也提供了更加有效和正面的影响。在孟加拉国，对工程师进行培训并未如预期那样提升效率，也许部分是因为在孟加拉国的那些工程师大多数比较年轻，在积累行业工作经验的同时也在左顾右盼地寻找其他机会。

第八章集中阐述了关于印度 IT 产业聚集和能力建设方面的内容。尤其是前文所提及的，印度 IT 产业聚集所取得的成功，有大部分归因于英语作为语言沟通的通畅性、相对较低的劳动力成本、高技能的劳动生产力、在印度设立后勤部门的便利性以及合理的 IT 产业聚集的架构，在孟加拉国、海得拉巴、金奈、国家首都地区以及普纳也有类似的 IT 产业聚集。这些 IT 产业的聚集带来了大量的好处，包括创新激励、提升当地经济以及市场表现。2008 年，印度 IT 产业对包括美国和英国在内的主要出口地的出口量占 64%。

这一章为 IT 公司的分析提供了更加详细的见解，这些样本为 2010 年 8 月的孟加拉国、古尔冈、诺伊达的数据。这些样本公司主要为中小型规模的企业。这

服务化、信息化和创新模型

一研究发现说明了 IT 产业集群的主要客户是国内终端客户。在国内的大型与中小型企业之间有着十分激烈的竞争。同样地，这些公司主要聚焦于对组织和商业模式的创新。在创新战略方面，孟加拉国公司的创新战略主要集中于产品和商业创新，然而诺伊达和古尔冈地区的公司主要集中在对质量、成本及产品运输方式上的创新。这一章更加深入地指出了孟加拉国、诺伊达和古尔冈应该被看作不同类型的集群，孟加拉国在信息交流方面的通畅性促进了创新，诺伊达和古尔冈通过提高高技能人口的流动性来促进创新。这一章得出以下结论，相较于其他两国，孟加拉国的公司通过一种更加开放的途径达到创新的目的。

第九章聚焦于创新、知识获得的政策性以及市场偏好。在这一章中讨论了对于有不同的创新和技术政策的以出口为中心的公司而言，国际市场是否有必要。同时，这一章还对创新文献的内容做出了重要的贡献。与此有关的现有文献显示，创新政策与公司规模呈显著相关。这份研究表明，一开始创新政策的制定和知识的强烈传播不仅与公司规模相关，而且与这些公司的市场偏好相关。这次的研究目的在于，在全球经济下行的通道中，挖掘创新能效的重要性以及信息通信技术公司的知识强度，这些发现是基于印度当地 100 家公司的主要调研数据。对剩下的以不同的出口为导向的公司研究，我们发现了两项创新的方法，分别被称为"自身的研发努力"和"与客户的交流"。一方面，以出口为导向的企业更加注重它们自己的研发能力；另一方面，国内市场运作的企业希望通过花费更多的精力与客户沟通而获得创新。在那些忽视出口和不进行出口的公司中，在中、低技术方面的经验表现为另一些特征：以出口为导向的公司比国内市场企业更加注重技术经验。这一研究认为，以出口为导向的公司也许能比其他公司获得不同的创新政策和知识获取路径。

参考文献

Friedman, Thomas L. (2005) *The Word is Flat: A Brief History of the Twenty-first Century.* New York: Farrar, Straus and Giroux.

Hirakawa, Hitoshi and Aung, Than Than (2011) Globalization and the Emerging Economies: East Asia's Structural Shift from the NIEs to Potentially Bigger Market Economies (PoBMEs), *Evolutionary and Institutional Economics Review*, 8

（1）：39–63.

Kuchiki, Akifumi and Tsuji, Masatsugu （eds.）（2011）*Industrial Clusters*, *Upgrading and Innovation in East Asia*. Cheltenham: Edward Elgar.

Vandermerwe, Sandra and Rada, Juan （1988）Servitization of Business: Adding Value by Adding Services, *European Management Journal*, 6（4）: 315–324.

Hitoshi Hirakawa

第一节 引 言

在 20 世纪上半叶，东亚经济实现了高速增长，如今正向全球预期那般，成了世界经济的增长引擎。在 20 世纪的后半段，东亚的国家经济体快速地从依赖第二产业的传统经济，转型为进行制造品出口的"世界工厂"。

东亚经济如何取得如此快速的发展速度？如今，东亚的发展中国家通过一系列的出口导向政策争取到了外商公司的投资。出口贸易区（EPZs）或者经济特区（SEZs）是大部分东亚国家在非充分市场、资本和技术方面的系统政策。一旦它形成了外部经济的阶段性成功，一个更高等级的区域产业政策将会推行。通过这种方式，工业集块的"积极锁定效应"开始发挥作用，自发聚集效应也开始同步增强。

同时，全球化确实给东亚区域经济带来结构性的增长。但是，这也增加了全球市场上公司之间的竞争，以及在政策层面上国家和区域方面的竞争。这种是什么情况？它对区域又会有怎样的影响？在本章中我们认为这些变化会影响区域特征，同时弄清与此相关的问题和现象。

首先，在第一部分，我们将验证东亚的工业化和区域结构。其次，在第二部分，我们将观察这些增长的利润、背景信息，以及关于产业集聚和集群的现有研究。最后，在第三部分，我们将得出产业集聚方面的相关结论。

第二节　全球化背景下的东亚产业化及其区域结构

20 世纪 70 年代，经济合作与发展组织（OECD）偶然发现了东亚新兴产业经济（NIEs），其为日本、新兴产业国家和美国所组成的贸易三角所实践，在这个过程中新兴工业化国家进口资本商品，从日本进口原材料，最后将劳动密集型的最终品出口到美国市场。这种发展结构在东亚地区流行起来，在 20 世纪 80 年代完成升级。日本经济贸易产业部门发布的《2005 年国际经济贸易白皮书》提出，在新兴工业化国家"加强贸易三角"，同日本一道，将中间品和资本商品出口到东盟国家（ASEAN）和中国，这些国家又将最终产品出口到欧洲和美国。据此，东亚贸易价值——中国和东盟国家出口到欧美国家最终品的贸易价值，在此期间，比日本和新兴工业化国家出口到中国和东盟国家的中间产品的出口值提升了五倍多，从 1990 年的 850 亿美元到 2003 年的 4770 亿美元，这些区域的总体出口价值的份额也得到增长，从 11.7% 上升到 23.1%。

如今东亚贸易商品的主要特征体现在增加的中间制造品方面。其主要原因是基于日本和其他发达国家在中间制造品上的全球分工。世界贸易组织发布的《2009 年国际贸易数据》指出，"世界非燃料商品贸易的中间制造品在 2008 年已经达到了 40%"，"通过这种聚集方式，中间商品的跨国流转增加了若干倍数"，以及"这种重复计算的影响是十分明显的"。举例来说，中国台湾的进口份额为 65%，出口份额为 71%，但是"在 2008 年它的贸易额的 2/3 为中间商品"。

这种情况可以归因于东亚内部区域贸易的脆弱性。这是因为大部分在东亚制造的最终商品被出口到发达国家，尤其是美国。根据日本国际贸易投资机构（ITI）2007 年发布的世界贸易矩阵显示，东亚国家在与 IT 相关商品的全球出口市场中占有 57% 的份额。大约 1/3 的出口制造品是东亚 IT 相关商品，但是，大约 72.9% 的 IT 产品配件从东亚区域内部出口，只有 39.1% 的产品组装成了最终品。然而，2000 年 IT 最终商品在区域内部出口比例仅提升了 7.4%，出口到美国的 IT 最终产品的比例在 2000 年是 24.8%，东亚有着更高的出口比例，达到了14.3%（ITI 2008）。根据日本国际贸易投资机构（ITI）的贸易矩阵，区域内部的出口占到由日本、新兴产业国家、东盟国家和中国组成的东亚总体出口价值的比例，从 1985 年的 33.6% 增长到了 1995 年的 47.5%，并且后续又进一步增长了10%，在 2007 年增长到了 57.5%。更进一步来说，根据 2008 年日本政府发布的《国际经济与贸易白皮书》，东亚（东盟加上其他六个国家）的真实制造业价值贡献从 2000 年的 1.85 万亿美元增加到了 2006 年的 2.55 万亿美元。同时，27 个欧洲国家的附加价值在同一时期从 1.87 万亿美元增加到了 2.5 万亿美元，北美自由贸易协定成员国家的增长较少，从 1.73 万亿美元增长到了 1.83 万亿美元。以上这些数据表明了东亚在规模和增长速度方面赶上了其他经济区域（MEIT，2008：143）。

通过全球生产价值链，中间商品的贸易在东亚的区域内部交易占据了很大一部分比重，这可以看作东亚经济的自我依赖程度正在逐渐上升。这促进了东亚的经济聚集，同时又一次证实了区域内部经济和市场合理发展的可行性。

同样地，为了解东亚产业化的空间结构，日本和泰国的制造业工人人口份额的变化如图 2.1a 和图 2.1b 所示，图 2.1a 显示，日本的制造业在 20 世纪 70 年代进入了高速增长阶段，东京外围的资本区域和关西的工业带，大阪中心这些区域的制造业工人的比例有了明显增长。然而到了 2003 年，在东京和大阪这两个区域的工人比例有了大幅度的下降，取而代之的是在日本中部地区的工人比例反而有所上升，集中在爱之以及一些区域城市例如山口、德岛及大分区。但是，总体上来说制造业的比重在逐渐减小。

相反地，泰国 1991 年到 2003 年之间的数据（见图 2.1b）与日本相比呈现了相反的趋势，泰国的全部区域都在快速发展。曼谷三个邻近的区域北柳、春武里和罗永府地区制造业比例大幅提升，在东部沿海发展区开成了汽车的产业集群（Sakamaki，2006：110）。

在中国，如图 2.2 所示，从 1990 年起，长三角区域的江苏省和浙江省、珠三角区域的广东省和渤海湾区域的山东省的周边都在国内制造产品份额的比例上

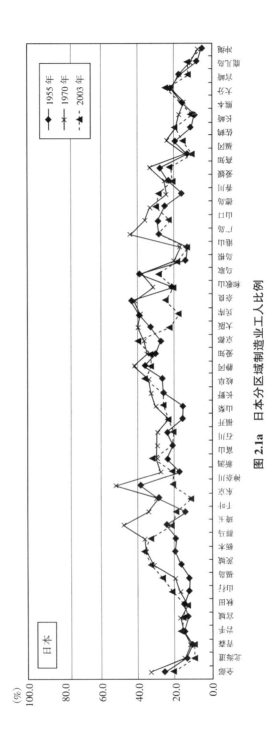

图 2.1a 日本分区域制造业工人比例

服务化、信息化和创新模型

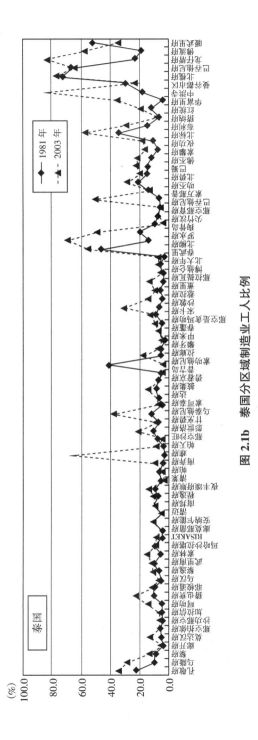

图 2.1b　泰国分区域制造业工人比例

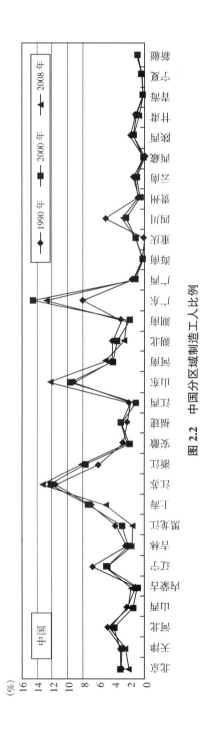

图 2.2　中国分区域制造工人比例

服务化、信息化和创新模型

达到了高峰。同时，2008 年这些产业集群都集中向广东省聚集，上海周边地区也在向前发展，这使得四川省这一内陆省份的制造业比重进一步降低。北京和天津的制造业比重不高，但是长三角集群、珠三角和渤海湾区域的比重相当高。毋庸置疑，沿海区域侧重发展制造业，如图 2.2 所示。

以上这些事实可以得出哪些结论？日本区域产业的制造业集群正在向北部的坎托和中部地区转移，制造业在国民经济中所占比重也在下降。相反，中国和泰国制造业产业集群在向沿海区域发展。这种现象该如何解释？

自 20 世纪 80 年代起，一部分来自日本的经济学家认为，东亚经济的发展与"雁行模式"理论相关，该理论由 Kaname Akamatsu 提出（Kojima，2003；Okita，1985；Fujita、Kumagai and Nishikimi 2008：19；Ozawa，2009）。据此理论，更多领先的发达国家在提升它们产业结构的同时，将失去竞争优势的产业逐渐转移到后发展的国家中，在此过程中形成了一种发展的追赶态势。日本作为"领头雁"国家，将产业转移到新兴产业国家、东盟国家，随后转移到中国。1985 年广场协议签订后日元升值，促使更多的日本公司在海外进行投资，这可以被看作东亚"雁行模式"的主要发展模式（Kojima，2003）。其实，在 21 世纪初，东亚通过自由贸易协定（FTA）的经济聚集是相当先进的。在研究解决东亚国家内部差距的政策方面，Tetsuro Sakamaki 认为，这些包括日本在内的国家"没有能够形成充分有效的差异补救政策"，尤其是"在第一阶段，当地的产业分布对于政策落实有难度的"（Sakamaki，1006：100）。一种旨在晃动国内经济基础平衡的发展方法，即使每个国家都采用这种政策，如今这种发展模式也是相当困难的。这一结论意味着日本、泰国和中国的经济发展不应视作各自国家的经济产业链，而应该作为统一的经济聚集。

众所周知，进入发达国家的市场和战略以及许可进入的框架条款对于东亚的发展是至关重要的。一开始，东亚的新兴产业国家发展起步于包括贸易港口中心的新加坡和中国香港，以至于在韩国和中国台湾，自由贸易区域和类似马山（韩国港市）、韩国蔚山以及高雄（中国台湾）已经成为重要的产业基础。20 世纪 90 年代，中国沿海地区的经济水平已经有了显著的增长。东亚经济的发展不是建立在每个国家经济的产业分布上，而是通过领先于全球市场的产业聚集。近些年来，这种聚集正朝着软件产业的非制造部门集中，社会在全球化的区域结构中明显地转向 IT 和知识型。尽管有许多不同的产业特征，但从根本上来说，制造业和软件企业根本上是通过进入发达国家市场获得发展机遇的。

第三节　产业集群理论的发展及背景

一、全球产业集群理论的研究综述

自 20 世纪 90 年代起，全球焦点转移到产业的地理上聚集和区域产业政策上。在发达国家，"集群"的概念在与政策相关的各政党之间流传得十分快速。在管理研究、经济地理以及主流的经济学中，"集群"同区域的产业聚集一样成了一个快速增长的研究兴趣点。在一些政策制定者和研究者之间产生了"聚集疲劳"，这包括对集群产生的影响方面的讨论（OECD，2007：24）。以下这些研究推动了这一领域的发展，诸如 Michael J.Piore 和 Charles F.Sabel 的《第二产业分类》（Piore and Sabel，1984）、Michael E.Porter 的论文《国家竞争优势》、《论竞争》（Porter，1990，1998）、Anna Lee Saxenian 的《区域优势》（Saxenian，1994）和 Paul Krugman 的《空间和贸易》（Krugman，1991）。但是，为什么他们的主张对政策制定者、经济地理学者和经济学家产生如此强烈的影响？

Poter 在《竞争战略》一书中解释道"以统一的形式聚集在一起，对于公司和国家来说是一个宽泛的概念，以至于它们可以在全球竞争时代得以生存"（Poter 1998（译本））。有一位日本研究者 Yoko Ishikura 在一本合著中提到了产业集群，其中写道"目前没有任何迹象显示日本的经济正在恢复，一些加强竞争和重振经济的诸如产业集群计划（METI）等项目，以及企业集群知识创新项目（教育部门）已经提出了受人关注的产业集群的观点"。对于"为何需要产业集聚"她给出了三个答案：在"全球化"中的"位置"；在一个成熟的经济市场中，创新作为驱动力量的影响力；以及生产创新的有效性（Ishikura，2003：i，18）。

OECD 组织发布的区域集群报告指出，"支持区域细分和集群的政策正处于不同政治观点的十字路口"。这些政策组合包括区域政策、科学技术或者创新政

服务化、信息化和创新模型

策以及产业/公司政策。正如介绍的很多20世纪80年代初的许多项目，尤其是集群政策的产业区域模式，将注意力集中在那些已经失去竞争力的产业，以及那些试图将涉及出口和信息损失降低到最小的中小企业。这份报告进一步推测，"随着时间的推移，这些政策已经逐渐从基于中小规模企业的项目向有国家竞争集群支撑的项目转移，同时更加关注技术和创新"（OECD，2007：40-41）。

简而言之，自20世纪90年代开始的经济全球化，伴随着激烈的市场竞争，需要一个新的有活力的政策对国家之间的竞争以及中小规模企业所涉及的区域之间的竞争进行指导。以上就是产业聚集和产业集群理论的背景。

同时，关于东亚发展相关的"区域"或者"位置"的研究又如何？在我们思考上述问题之前，先对产业聚集和产业集群理论进行实证研究。

二、产业聚集和产业集群理论关注的问题

正如上文提到的，Piore和Sabel的《第二产业分类》是关于产业聚集和产业集群研究的主要著作。这本书将发达国家的失业及低增长问题归结为"在所有发达国家中哪些方面成为了慢性增长"的问题。经济衰退是由"基于大量生产的产业发展模式的限制"造成的。作者建议有必要用灵活的工艺技术和设备组成来解决这一问题（Piore and Sabel，1984：3-5）。他们写道"在美国进行灵活细分的关键是形成以小公司为核心的产业分类：一方面是服装、纺织、鞋业和金属制造产业的传统中心，另一方面是形成新的高新技术"。前期，由于大量制造产业的迁移导致该组织减少，同时，后期在马萨诸塞州（美国）形成了高技术的组织机构——在加州将很快被验证（Piore and Sabel，1984：286-389）。Piore和Sabel在描述这些的同时，也提出了在高新技术产业方面发展的可行性。20世纪70年代发生的"经济衰退"是日本、东亚和美国的制造产业所面临的挑战。这次衰退是由先进资本主义的大量制造产业引起的，同时这也是Piore和Sabel关于维持系统灵活细分性的前沿研究。

同时，波士顿的128号公路沿线和加州硅谷的高技术产业在20世纪70年代引起了世界的关注，在20世纪80年代的时候面临了经济衰退。最终只有硅谷在五年的时间内恢复了原状。Saxenian将这两个区域用Piore和Sabel的方法路径进行了比较，研究证实了硅谷有一个基于区域网络的灵活产业体系，同时沿着128

号公路，大量的相对独立和自我完善能力高的公司形成了具有主导力量的团体。在这样一个产业区位的区域特征上，Saxenian 认为，硅谷具备了高新技术产业发展的基础。（Saxenian，1994）进一步说，正如 Piore 和 Sabel 所提及的，在高科技产业的发展中，大学在技术产业和人力资源产业的支撑方面起到了至关重要的作用（Piore and Sabel，1984：287）。自由流动的人在新企业中聚集在一起，在学校和研究机构周边形成了一个又一个自由流动的网络，以推动高技术产业的发展。研究发现，在这些区域中有一种维持创新持续的特有的活力正在被激发。

Porter 的产业集群概念对于产业区域的研究有着深远的影响。事实上，Porter 所提出的关于产业聚集的所有概念和表达方式，已经被地理经济学者和其他人员定义为"集群"——类似于一串葡萄。Porter 在著名的"钻石模型"中指出，有四个因素决定着一个国家的竞争优势：

（1）要素条件（一个国家在特定产业方面生产的竞争位置，例如有技能的劳动者和基础设施）；

（2）需求条件（对一个产业产品或者服务国内市场的原本需求）；

（3）相关或者支撑产业（在国家供给产业的现有或者空缺以及其他相关产业具备国际竞争力）；

（4）公司战略、结构和竞争（国家对于公司产生、组织和管理同国内固有竞争的治理状况）（Porter，1998：166）。

他认为，满足这些因素的区域通过创新在国际竞争市场上可以实现成功赶超。

集群是在特定领域上有竞争也有合作的专业化供应商、服务提供者、相关产业的公司以及相关组织（例如，大学、标准代理公司以及贸易联营公司）或者相关公司在地理上、位置上的集中……集群是在一个特定领域的公司和联合组织在地理上邻近的群体，通过公共性和互补性建立相互联系。从地理角度来看，一个集群可以被视为单一的城市或者一个国家的州甚至是相邻公司的网络组织。

Porter，1998：197，199

然而，这样一种概念包括了几个元素，因此有很大的不确定性，翻译有多种可能性。例如，Porter 的地理范围是"大约两百米或者更少"（Porter，1998：230；Kanai，2003：49），而当提及日本的产业集群时，地理范围又被定义为东京和仙台或者东京和名古屋之间的距离，约 320 公里，由此可见在日本区域集群的范围通常比其他区域的集群更大（Horaguchi，2009：141）。然而，日本研究者 Kazuyori Kanai 指出这种距离范围内的面对面交流是可行的。甚至从一个市场角度来说，他指出这种范围作为形成一个产业集群的距离，给所谓的"隐蔽的知识"——难以用文字表达但是对市场来说又是十分重要的知识，提供了交流的可能性（Kanai，2003：54）。更进一步来说，集群是一个特定领域主要的关系网络，Porter 曾经写道"交叉发展促进了集群的发展，使其更有活力"，理由如下：

在这里，洞察力、技术以及从不同领域整合的技术点燃了新的商业模式。因为潜在的进入者及其副产品来自不同的方向，其多样化相互交叉渗透的集群又进一步降低了进入壁垒，学习的多样化进一步激发了创新。

Porter，1998：241

创新创造了什么？一些研究者认为集群的外部网络化是很重要的。一个产业的集群是如何不同于一个产业在地理上的聚集呢？如果起初一个区域的特质是竞争性的资源，那么为什么一个产业地理上的集聚有很大一部分来自东亚？事实上，产业集群和创新之间的起因和结果是模糊的。Ron Martin 和 Peter Sunley 已经研究了 Porter 的集群概念的模糊性，并且对集群在经济学家、经济地理学家和政策制定者之间产生的强烈影响表示高度质疑（Martin and Sunley，2003）。但是，Kanai 认为对 Porter 理论的重申在当代具有重要意义：

（1）产业聚集理论强调了生产的传统要素，包括土地和自然资源的相对重要性，与此相反，Porter 指出了作为基础设施的科学技术、高层级的客户需求和其他难以细分的知识的重要性。

（2）不同于传统的聚集理论关注公司在地理上的集中，Porter 提出了专业组织，例如大学、研究机构和当地的政府。

（3）Porter 强调了以最小成本进行创新而不受产业聚集的影响。

（4）Porter 强调了竞争的重要性（Kanai，2003：47）。

当时，美国经济的长期增长趋势受到威胁，在全球竞争中美国的制造业公司处于一个劣势地位，在这种环境下，Porter 的集群理论得到了重视。他提出了产业集群理论作为获得竞争优势的研究框架，简单来说，美国在全球市场中会超越一个个小的公司单元，实现国家的竞争优势和创新。这种思想很快被世界其他区域的政策制定者采用，他们渴望在激烈的全球化竞争中寻求增长和变革。

不同于 Porter 从管理的角度进行研究，Paul Krugman 和 Masahisa Fujita 的空间经济学是从另一个角度出发。早前，他们就已经指出，20 世纪 90 年代的产业在地理上的聚集和原始的经济模型忽略了经济活动和产业集中的内容。他们发展了产业聚集的理论，并且将经济地理研究引入主流的经济学派，他们一直在研究那些被主流经济学家忽视的内容。Krugman 反对下面的说法，"国际上的经济学家都在对那些在空间上存在差异的国家视而不见，这种惯性导致我们都没有意识到自己在这么做"，他补充道：

Alfred Marshall 提出了这种现象的古典经济分析（事实上，产业定位的观察支持了 Marshall 的经济外部性的概念，这使得上述当代的忽视更让人惊讶）……外部经济是值得被关注的——对于任何敏锐的经济学家来说它确实是存在的——但在我们的经济传统里居然被忽略了。

Krugman，1991：2，36；1995：51

是什么让 Krugman 关注到产业聚集？结合欧洲一体化，他评论道"国际经济和区域经济之间的界限在一些重要的事件上，已经开始变得模糊"，具体内容如下：

1992 年在欧洲有一个值得关注的地方：通过资本和劳动力的自由流动，欧洲已经变成了一个统一的市场，成员国之间与国际贸易有关的法规的意义也将变得不再重要。取而代之的是区域经济学的问题。

Krugman，1991：8

与此同时，Fujita 和其他研究者也写道：

在 1992 年早期，我们关心的主要问题是自 1993 年欧盟成立之后欧洲一体化的未来，这激励着一些理论家建立了当地经济活动的发展模型；这就是"空间经济学"的由来。

Fujita 和 Hamaguchi，2008：13

对主流的经济学派来说，欧洲一体化这一事实有一个模型缺陷。在别处，Krugman 通过利用 Alfred Marshall 的 20 世纪《经济学规律》归纳了产业聚集产生的三个主要原因。首先，当若干公司来自同一个地方的相同产业，尤其是当技术工人聚集在一起时，便形成了一个劳动力市场，在这个市场中，工人和公司都可以获得利润。其次，当一个产业通过这种方式集中在一起时，许多的非贸易投入品在这个专业化产业中提供了低廉的成本。最后，信息交流促进了产业的集中，

服务化、信息化和创新模型

推动了技术的更新，或者"我们如今称为技术溢出"。这里，Krugman 提及了关于技术外部经济的最后一点：尽管如此，在美国硅谷和波士顿 128 号公路区域因产业地理位置的集中而著名：

在道尔顿、乔治亚州周边的地毯生产商，普罗维登斯、罗德岛周边的珠宝生产商以及纽约的金融服务者都能形成很明显的集中，从历史观点来说，马萨诸塞州的制鞋业和亚克朗市（美国俄亥俄州）的橡胶业也是如此。区位比其他包括高技术在内的驱动力更加强烈。

Krugman，1991：37，53

Krugman 进一步用现代经济学证明了 Marshall 的理论，并且提出"运输成本和生产规模的经济效益"是影响聚集的两项重要因素。更进一步说，"需求的交叉性、提高的回报率和交通成本使得区域分化进一步明显"（Krugman，1991：11）。

Fujita 解释了空间经济学的重要性如下文：

（世界上）传统的国际贸易理论和区域经济理论认为，所有的商品都可以在固定的回报率上被制造出来，因此聚集的形成并不是内生性的。事实上，在这样一个世界中，地区之间的相对优势不是由一些外生自然条件带来的，所有的商品在所有的地方都可以用非常小的规模生产出来。因此，商品的运输成本完全可以避免，从而达到最有效均衡。然而，目前城市的增长和生产聚集越来越受限于基于内生自我哺育的优势（第二种自然），而不是诸如天气、矿产资源这种先天条件（第一种自然）。

Fujita，2003：216–217

Fujita 指出有三个因素影响这种聚集：商品和诸如个人和公司这种经济实体的多样化、单一等级实体的规模经济以及运输成本。以上三种因素促进了聚集的发展，同时进一步加深了聚集的影响。

由于"聚集经济"自我哺育的优势，这种聚集仅存在一个空间位置上引起"锁住效应"（冻结效应），在这些区域中个人实体的分离变得很困难，新的实体被冻结。在聚集的早期阶段，这种聚集的"锁住效应"对于提高增长性有一股强大的"积极效应"。但在长期上有可能形成一个巨大的负面效应，在这些区域进行改革引起的变化也是局限的。

Fujita，2003：224

这些内涵是非常严肃的，Fujita 总结道"运输和 IT 的发展将不会摧毁大城市和聚集区域的边缘，但是会使两者成为一个几乎相反的趋势"（Fujita，2003：232）。从这一点来看，他的倾向性加深了 Porter 的产业集群理论。这是因为基于区域的产业集群政策强调创新。他认为日本的发展方向应该是"知识和创新的创造"，以及"产业集群政策的相互关联，这些关联通过外部的区域政策引起创新"，Fujita 补充如下：

如果理想的产业集群可以通过没有政府介入的市场竞争形成，那么撤销市场的管制规定是合理的。然而，产业聚集是普遍的，产业集群是特定的，它们由来源于自身的外部经济性中具有相对竞争优势的创新个体形成，这些不仅是通过市场有效性实现的。因此，我们并不能仅通过充分有效的市场而期望得到一个理想化的产业集群。

Fujita，2003：233

为了在一个区域范围内提倡创新行为，一个区域集群的政策需要超越市场机制。世界银行发布的《2009 年世界发展报告》中提及，为了努力"消除研究和真实世界之间的鸿沟"，应回顾经济学家在解决规模经济和产业聚集方面的成就（World Bank，2009：126）。全球化竞争已经加剧，与此同时，受到欧盟建立以及北美自由贸易协定 NAFTA 的影响，区域联合进程已经在加速。这与主流经济学的假设相矛盾，在产业聚集方面向扩散的方向发展，向现有的产业结构和一个新的产业聚集让步。同理，对于国家竞争力的形成来说，向聚集方向的调整是十分有必要的。这也与现有的产业聚集区域的组织和发展问题相关，这对发达国家的中央和地方政府关于产业集群的政策制定能力寄予了厚望。

三、东亚的产业政策及集群政策

自 20 世纪 80 年代末以来，由于 IT 和全球化的快速发展，在发达区域的产业"泡沫"已经成了一个大问题。一开始，对中小规模企业和区域增加了政策扶持。让我们先看一下日本的案例。20 世纪 80 年代后期，日本的国内外市场处于统一的阶段，中小规模企业组织（SMEA）（日本 METI 部门的一个分支）是中小规模企业复苏的典型案例（SMEA，1989）。在中小规模企业的传统产业聚集区域内，产业间相互交流的团体正在逐步形成，1988 年 11 月一个机构的调查显示，

服务化、信息化和创新模型

至少有 1527 个产业间的交流团体正在形成，参加的公司已经上升到 52149 家
（SMEA，1989）。那些年，SMEA 发布的《日本中小规模企业白皮书》也提到，
例如塞巴城市的这些地方的附加值正在上升，福井县以它的眼镜生产而闻名，新
潟（日本本州岛中北岸港市）以金属西式餐具而闻名。前者用富有弹性的合金材
料去生产金属的眼镜框架，后者完成了对各种产品的研究，例如不锈钢的曲面
镜、保温杯以及高尔夫球棒。那时候，对于中小规模的企业来说，在大田区、东
京以及东大阪城市等典型的城市区域，它们正在提高自身专业化的程度，以进一
步形成以发展为导向的工作网络，并且实行小规模的"测试产品联合开发""联合
产品发展"以及"联合技术发展"。美国硅谷以及意大利的中小聚集案例也都有
相似的评价（SMEA，1994，1995，1996，1997；Watanabe，1994）。从 20 世纪
90 年代末开始，METI 推动了产业聚集的研究以及产业集群的规划。在 1997 年
发布的《国际经济和贸易白皮书》中提及了亚洲的产业聚集，并完善产业集群计
划，该计划从 2001 年起，旨在形成创新的反应链。在泡沫经济破灭后日本竞争
力的基础受到了晃动，这又一次对拯救一个国家的竞争力起到了作用。当然，这
些政策受到了 Porter 和 Krugman 的理论影响（Matsubara，1999：83；Yamamoto，
2005：4；Tawada and Tsukada，2008）。

其他东亚发展中国家采取了怎样的聚集/集群政策？20 世纪 90 年代，对韩国
的产业研究十分盛行，但是对于韩国蔚山工业园、古罗工业园和马山自由贸易区
的发展都是按照出口导向产业化政策规划实行的，同时劳动密集型产品的出口发
展是十分成功的。20 世纪 80 年代，高新技术园区的政策开始实施，产学研开始
融合领先的集群政策开始全面实施。在首尔周边的区域，这种政策促进了知识信
息产业以及 IT、生物医学、绿色能源以及在其他领域的凝聚/集群。1999 年，产
业升级的政策又作用于首都区域以外的四个地区。2002 年，又增加了九家新的
区域。从 2008 年到 2012 年，区域产业项目的提升目标确定为 13 家（4+9 区域
模式）（Um，2009；Seo，2009）。

与韩国的情况相似，中国台湾于 1965 年建立高雄出口加工区，实施了以出
口为导向的产业政策，并在 20 世纪六七十年代发展了劳动密集型的电子产业。
1980 年建立了新竹科学园区，主要用来培育半导体产业。1983 年，超大规模集
成计划开始实施，1987 年中国台湾半导体制造公司（TSMC）成立，到了 20 世纪

90 年代，全天候的商业模式在半导体制造行业形成。这推动了世界级铸模企业的诞生，同时诸如若干与设计单位相关的中小规模企业引导了高技术产业集群的形成（Wang Shuzhen，2006；Sato，2007）。如今，聚焦于半导体产品的高技术产业都集中在台北和高雄区域（中国台湾北部区域）；被称为对区域不平衡的修正。南部科学园区由行政院（中国台湾的行政机构）在 1993 年决定建立，1995 年正式成立，目前发展稳定，并于 2002 年成立了中央科学园区。2010 年国家陆地和空间站发展战略计划得以通过，通过规划聚集地以知识和人力资源的方式发展为集群走廊（CEPD，2010：16–59）。

与此同时，新加坡因 1968 年建立裕廊工业园区而闻名于世，但是它以吸引外国公司进行侵略性扩张为发展路径。因此电子产业发展是制造商品出口的一个轴心。更具挑战的是在 1985 年，由于自国家成立第一次达到正向增长（约 1.8%），政府认可了一个完整的商业中心概念，于 1991 年决定实施"经济战略计划：朝发达国家方向发展"的计划，并且提出高科技产业集群政策旨在强化国际竞争力。根据 S.Y.Chia 的分析，这是对波特集群理论框架的运用（Chia，2000：366）。邻国马来西亚也于 1996 年决定实施第二产业的基本计划，同时政府通过了"集群基础的产业发展"计划。这一计划将国际市场联合集群概念化，通过多元化企业的分包关系进一步培育了本地企业、政府主导的集群以及资源基础集群（Hirakawa，2006：15）。

1978 年，自给自足的政策转变为改革开放的政策，中国通过在经济特区吸引外资的方式完成了出口导向的发展转型。1979 年在深圳、珠海、汕头、广州以及福建厦门建立了经济特区。在此之后，1984 年，大连、天津、烟台和其他区域变为经济技术发展区域，1988 年长三角区域、珠三角以及其他区域成为沿海经济发展区域，1990 年上海浦东新区成立。作为香港贸易区，珠三角对香港公司来说是其主要的国内市场，与此同时日本、美国和中国台湾公司开始进入国内市场。到了 20 世纪 90 年代，东莞开始逐步形成类似中国台湾 IT 产业的聚集程度。尽管北京中关村不是制造业区域，但在 1988 年被认证为中国的第一个国家级高科技产业发展区域，而且通过与北京大学和清华大学的合作，形成了集全球 IT 软件产业为一体的区域的形成。

服务化、信息化和创新模型

第四节　关于东亚产业聚集和产业集群的事件及政策

一、东亚产业聚集的类型

东亚产业聚集有哪些类型？日本的中小规模企业机构将产业聚集归为以下四个类别：

（1）公司以城镇的形式聚集，"通过围绕特定大型企业的大型生产机构和周边的多种转包商团体的选址形成集群"；

（2）生产区域集群，"归属于一个细分产业（例如消费品）的企业集中在一个特定的区域内，成员通过对原材料和技术的相互使用促进区域积累的逐步增长"；

（3）混合的城市集群，"为了分散生产，在相关企业周边建立起围绕战前生产基础、弹药机构战时工厂周围的城市区域"；

（4）混合的规划集群，"这是通过当地政府的努力吸引企业、完善产业的重新选址所形成的结果"（JSBRI，2006：135）。

然而，关于国际产业区域，最有名的分类是由 Ann R. Markusen 描述的分类方法：(a) 马歇尔产业区域（或者意大利变形）；(b) 蝙蝠式空运系统区域；(c) 卫星区域平台；(d) 国家中心区域。她进一步定义了工业产业区域或者聚集，详细如下：(a) 类型，"马歇尔产业区域"，是指区域内的中小型企业的聚集，Alfred Marshall 认为这是外部经济作为区域专业化产业的价值所在（Marshall，1890：Book，Ⅳ，Chapter，Ⅹ）。真实交易在当地小公司之间运作。在这里，劳动力可以自由流动，同时具有区域文化的特征。(b) 类型，蝙蝠式空运系统区域是以一个或者多个大型公司为中心，由小公司或附属公司围绕而形成的聚集。在大中小型公司之间存在交易和合作关系。但在相互竞争的公司之间并不存在着这种合作关系。(c) 类型，卫星区域平台是一种由大公司的分支机构控制的产业聚集，大公司的领先优势无处不在。(d) 类型，国家中心区域是通过公共或者非营利组织在它的中心区域形成的区域聚集（例如，军事基地、大学、政府许可办公室）

（Markusen 1996：297–307；OECD，2007：28–29）。

我们把东亚的产业聚集归为上述的哪一种类别？一般来说，这些类别有许多相似之处，但是 Markusen 的定义在这里并没有涉及东亚国家的真实情况。也许可能是下文提及的分类方法：

（1）加工出口区或者经济特区的区域或者聚集；

（2）高科技的产业区域或者聚集，可以细分为制造业中心或者软件中心；

（3）生产区域聚集；

（4）国有企业的聚集。

让我们依次看以下这些案例。

（一）加工出口区或者经济特区的区域或者聚集

在发展中国家，产业聚集是很普遍和典型的。2002 年联合国国际劳工组织（ILO）在 116 个国家设置了 3500 个秘书处，其发布的报告显示，总雇员已经达到 6600 万人，1966 年之前，发展中国家仅有处秘书处，到 1986 年已经增加到176 处，并且主要集中在亚洲，雇员数量约 1300 万人（Hirakawa，1992：65–67）。1975 年，有这种聚集程度的国家数量还没有超过 25 个。通过比较，可想而知今天的繁荣程度。

在中国，许多不同形式的经济特区在沿海区域建成，在越南，2006 年全国已建成 145 处工业园区和出口加工区。同样地，在 1991 年，越南只有一处（Dao and Do，2007）。菲律宾有 211 处经济特区，主要集中在马尼拉（其中，制造业的经济区有 65 处，IT 园区/中心有 129 处，旅游经济区有 9 处，农业和工业的经济区有 6 处以及医药养生园区/中心有 2 处）（PEZA，2010）。总之，由于工业产业欠发达，为了吸引国外的公司，追赶型国家在特定的区域内集中提供产业基础设施。

这些出口加工区或者经济区在规模上和数量上与商业区有着很大的区别。大部分的出口制造区的制造业或者劳动密集型的商品，例如纺织品、服装以及皮革制品，正扩展到高科技科学园区、数据中心、度假村以及其他区域（ILO，2008：2）。

出口加工区或工业区集群覆盖了很大的区域。泰国的东部沿海工业区以林查班工业区为基础，其汽车产业的集群十分引人注目。基于深圳和珠海的经济区建

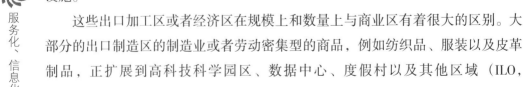

立的珠三角和长三角作为区域发展催化剂的上海浦东以及作为环渤海区域一部分的天津滨海新区，由于它们自身的特点已经成为令人瞩目的三大产业聚集中心。该中心同样也是个人笔记本电脑、通信设备以及其他配件的生产聚集区域。在长三角区域，温州当地的中小型企业形成的大量聚集区也同样引人关注。

同样地，这些聚集区域的制造商或者中间品制造产业都是大量的劳动密集型以及低端技术产业，缺乏创新和区域间的网络协同。即使一个聚集区内有固定的大量公司，创新意识仍受到限制。在小部分的聚集区域，创新活动是十分活跃的，尤其是在高科技的类别中。因此，从卫星呼叫平台种类到集中类型，它们相互之间是广泛联系的。

（二）基于制造业的高科技产业聚集

正如韩国和中国台湾这些新兴产业国家和地区是基于半导体制造业为中心的产业聚集。政府的激励政策在这里是不可或缺的。半导体产业的聚集，是以中国台湾新竹科学工业园区为核心，和韩国首尔和京畿道形成的公司镇或者集中区域，因此它们有基于本土核心的全球化企业，例如 TSMC 和三星电子。区域内的联系是紧密的。然而，为了获得创新，外部交流也是十分重要的。在中国台湾，人们已经发现与硅谷间相互交流的重要性（Saxenian and Hsu，2005）。三星电子在全球范围内招聘工程师，并且这些公司十分注重与外部的联系（Yamasaki，2008）。一份报告研究发现，基于日本、中国、韩国和中国台湾半导体产业的聚集区域，得到了如下结论："包括半导体产业在内的许多产业中心，更多的区域从全球关系网络中获取了动态发展的驱动力"（Kishimoto，2008：190）。

（三）基于信息的高科技产业聚集

作为又一种高科技的产业聚集，服务产业聚集的形成是基于知识的"IT 化"和"信息化"社会的来临。最著名的例子就是印度班加罗尔，但是这里也是软件/服务产业和网络产业的聚集地，就像中国北京的中关村、韩国的首尔和新加坡。目前，中关村科学园区下属有十个科学园区，在这里有超过 21000 个办事处，相较而言，硅谷有 5000 多家公司，截止到 2004 年，班加罗尔有 6121 家公司（Kuchiku，2007：86）。在首尔的江南片区（江南区和瑞草区），沿着德黑兰的道路被称作"德黑兰谷"，这一区域由大型的 IT 公司及风投企业集中形成。大林区，曾经是劳动密集型产业的聚集区域，现在已经开辟成首尔数字化的住宅楼

（Park 2008：206–207）。

（四）生产区域聚集

在国家和改革政策的作用下，中国形成了在沿海区域"全天候类型"的产业聚集。政府的区域政策支持对于这些产业聚集来说是很重要的。王缉慈通过研究发现，在这些区域中，商业及相关商业的聚集，在 15 个省份中已经上升到 500 多处（Wang，2010）。尤其是在开关、服装、鞋、灯饰、电子元件、汽车零部件和温州的纸浆（Marukawa，2008），以及广州深圳、东莞和温州的眼镜生产区域（Nakamura，2007）。这些就是马歇尔类型的产业聚集。然而在这种类型的聚集中，创新十分有限，并且低水平的工资是竞争力的主要来源。

（五）国有企业的聚集

Markusen 最后提及的例子就是国家机构、军事基地、大学以及此类机构。以上并不都是商业实体。然而，我们通常认为中国形成了国有公司的聚集。但是，这些企业的重要性已经在改革的过程中以及国有企业的私有化进程中丧失。

总之，东亚发展中区域的产业聚集与经济发展有着明显的特征区别。那就是中央或者地方政策支持的强度。出口加工区或者经济特区，以及诸如此类的在一个特定的区域供应基础设施是为了吸引外国企业。这些集群发展区域在更多高新产业聚集的案例将吸引更多的关注。

二、产业集群政策和中央——地方政府的关系

全球化和 IT 化加速了国际竞争，对区域和空间的研究日益引起人们的关注，如今研究的关注点已经转移到产业的地理聚集方面。产业集群概念和实践政策，已经在制定产业分类和发展方面的政策相关政党之间形成了扩散。实际上，Piore 和 Sabel 提出，"当地自治机构的再生"在美国产业改革的过程中是十分重要的（Piore and Sabel，1984：380），但是当产业的集群政策落实到区域层面时，创新被强调为"区域提升的产业政策"的一部分。日本的产业集群计划已经从"中央政府统一制定，地方简单应用"转变为"经济、贸易、产业和其他当地区域部门的多种机构以及区域内的公司和高校，抓住各个区域的产业机构，以及建立一个产业—院校—政府的网络"（METI，2006：1）。同样地，在韩国，区域产业提升计划由中央政府制订实行框架，"中央政府有效地执行适合全国范围内的计划，

该计划通过当地区域的自治团体被执行，改变了过去从上到下的治理方式"（Seo，2009）。正如上文提到的，对于过去区域经济衰落而言的区域产业重振计划，在非资本区域（包括首尔特别城市、大仁川城以及京畿道）也已经完善。同时中国台湾也已经在实施相似的政策。

在中国，这样的政策在特殊的机制背景下运行。中国的经济特区政策代表着通过国家和地方政府吸引企业投资。大部分对于中国发展的研究解释道这是自由政策的结果，同时这些机制也很受限。然而，税收改革类型中的"政策同盟系统"，尤其是1994年中国政府的"税收共享系统"扮演了一个十分重要的角色。这成为了区域政府促进区域发展的一种机制，因为它在支出水平维持不变的情况下，减少了地方政府在财政收入方面的自主权。为了增加财政收入，地方政府竞相成立经济特区，吸引外国企业。如果成功的话，它可以增加政绩。这就是"经济分散化和政权集中化"。作为一个产业政策，它增加了中国经济的有效性。其实，区域政府在产业促进政策方面扮演了十分重要的角色，就像是广州和天津的汽车制造业（Mang and Hirakawa，2009）。北京政府同样也在中关村高新技术集群的形成方面起着十分重要的作用（Kuchiki，2007：77，96）。然而，中国的这种政策已经产生了许多外商企业分散的投资现状。例如，尽管日本丰田汽车在广州和天津有了两个合资公司，但是它们之间并没有联系，这两家合资公司是完全独立的。

另外，这种政策在鼓励中国沿海区域发展的同时，也导致了区域之间发展的不平衡。因此，中国政府已经开始制定内部区域的发展政策：2000年"西部大开发"战略（四川、重庆、贵州、云南和西藏）；2003年"东北振兴"战略（辽宁、吉林、黑龙江）以及2005年的"中部崛起"战略（陕西、河南、安徽、湖北等省份）。政府主动投资建设基础设施，促进国家内部区域的发展平衡。然而，消除内陆区域的不平衡性是个十分严峻的事情，并且，在近些年，这些项目开始基于每个位置的区域进行角色定位（Kato and Okubo，2009：144）。在全球化进程中，区域发展不平衡不是一个简单的问题。如果没有一个区域内部的发展或者结合政策和自身经济的发展，消除区域发展的不平衡是十分困难的。

三、东亚的创新和产业聚集

东亚作为一个长期稳定发展的区域，近年来呈现出了赶超日本的势头。中国的增长仍会持续。这种东亚的发展与产业聚集有何关系？将这种现象仅解释为产业从日本转移到超赶型国家的说法是有失偏颇的。全球化和 IT 化已经为发达国家增强了竞争力，但与此同时，在外部环境变化中，这仅是东亚的特有模式。

从字面上来说，"创新"可以被理解为经济学家 Joseph Schumpeter 所说的技术创新的概念，但是他认为，这种现象是"偶发性的"，并且定义了"新的结合"，其实质是：新的财富（简而言之，新产品）；一种新的生产工艺；一种新的销售方式；原材料的发展或者是半成品资源的新来源渠道以及一种新的组织机构的物质化（Schumpeter，1977：183）。在 Schumpeter 的基础上，Porter 将创新定义为："创新可以产生于一种新产品的设计、一种新的生产工艺、一种新的市场路径，或者一种行为训练的新方式。"（Porter，1990：163）

在资本市场中，Schumpeter 假设公司是创新的主体。然而，在发展中国家，政府政策也是十分重要的。事实上，若干东亚国家为了吸引外资分公司，如今已经加强了出口导向政策。培育当地公司的国家政策已经与出口导向型政策相一致或者有所联系。大多数的东亚新兴工业化国家，尤其在非充分的市场、资本和技术资源的国家中，出口加工区域或者经济特区有一系列密集的政策。这种情况下，出口加工区或者经济特区中，通过集中供应低廉的劳动力以及基础设施，创造了产业的聚集性。对于海洋、空气以及土地等基础资源来说，基础设施的提供越来越重要。一旦这些创造了相当成功的外部经济，新兴产业国家和其他国家将推行一个更高等级的区域产业政策。通过这种方式，产业聚集会产生"积极锁住效应"，并且该聚集效应持续加强。名古屋大学和中华大学的经济研究机构在联合研究 IT 集群课题中发现，公司对新竹区域相关的商业环境的满意度较高，大都认为"满意"或者"非常满意"，具体如下：新技术或者新产品的发展等（55%，N=66）；获得产品信息（51%，N=65）；获得人力资源（47%，N=60）。此外，大邱（韩国城市）、庆北、水原区域上年度的一个调查显示，那些表示"满意"或者"十分满意"的高度满意水平的分类如下：对于消费者或者零售公司来说，运输成本和时间的维持（56%，N=405）；在区域范围内采购公司的良好质量

服务化、信息化和创新模型

（54%）；产品信息的获得（51%）；区域范围内优惠税收和管制政策（46%）（Hirakawa et al., 2009）。在这两个调研中满意度的分类是不同的，但是也可以推断出聚集提升了满意度。

公司本身也获得了创新。Mike Hobday 在他的著作《东亚创新：日本的挑战》中，聚焦于 19 世纪 80 年代，当地公司的国际分包与新兴产业国家发展经验所得到的生产技术的发展过程（Hobday, 1994）。他指出了中国台湾、韩国和新加坡创新发展的案例，具体如下：从原始装备制造商到原创设计制造商，再到自有品牌制造商。在这里，原创设计制造商停留在一个原始设备制造商的合同，但是设计是由原始设备制造商自己完成的。设计技术能力的积累使得上述这些成为现实。最终进入了市场范围，这便是基于公司自身品牌产品的市场。这反映了"微笑曲线"制造中心向市场的右端移动。

中国台湾产生了与 OEM–ODM–OBM 模型不同的，甚至相矛盾的模型。它可以被理解为"一种新的组织机构的物质化"，这是由 Schumpeter 提出的与最终方法相结合的新的概念，此前 Porter 对此并没有进行清晰的表述。这在中国台湾的半导体产业和中国当地电子配件和汽车产业的发展中可以得到很好的解释。

在中国台湾的半导体产业中，TSMC 公司作为超大规模集成电路的产业技术研究机构，于 1987 年成立，它开创了纯粹锻造的模式，如图 2.3 所示。它的竞争对手美国微电子公司（UMC）作为超大规模集成电路的研究和服务机构，也采用了这种模式，由此可见该模式的重要性。主要发达国家的半导体公司普遍采用一体化的工艺装置，这其中包括了设计、光掩膜、晶圆生产、包装和测试五个生产环节。在日本和韩国，这也是主流形式。相反地，中国台湾设计了纯锻造劳动力模型的细分，并且使它在半导体产业成为一种成功的商业模式。作为图 2.3 的注释，"垂直非集成"模型由中国台湾学者王淑珍提出，"纯锻造"模型由经济发展机构的 Yukihiko Sato 提出，他同时也是日本外部贸易组织的成员之一。由于同时受到大量财政负担和中小规模企业准入门槛的限制，在中国台湾许多相关的公司集于公司设计，它们之间相互竞争，在这种商业模式下促使专业铸造公司的产生。根据中国台湾的工业技术研究院发布的《2009 年半导体产业年度报告》，目前已经有 13 家光掩膜制造公司，251 家集成电路设计公司，19 家包装公司和 26 家检测公司（ITRI-IEK 2009）。这促使多样化产业、政府以及学员组织的新的商业模式的产生，在商业机遇方面发挥了优势。由此我们认为产业聚集更加深化、竞争力得到提升。

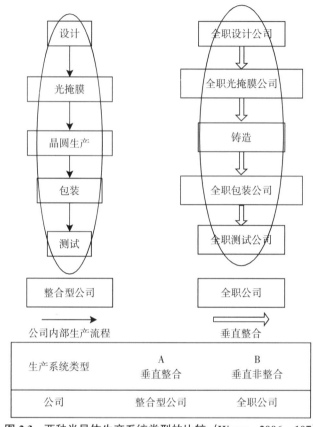

图 2.3　两种半导体生产系统类型的比较（Wang，2006：107）

韩国 3/4 的半导体公司，或者说 92 家公司中的 72 家是半导体装备制造商，它们在 20 世纪 90 年代就已成立。直到 1980 年利用垂直整合的商业模式，三星电子才开始改变，采取大量外部分包商的策略。这种方式可以减少泡沫和转移的风险。但同时，这也推动了韩国京畿道周边相关企业的产生和集中（Hirata，2008：98-103）。

对中国问题研究的日本学者 Tomoo Marukawa，通过观察发现当 6 家主要的日本电子应用制造商，例如 Matsuhita（现在是松下公司）、东芝（Toshiba）、索尼（Sony）、日立（Hitachi）和其他公司开始本土化生产时，日本公司在中国的

服务化、信息化和创新模型

电子装置市场上的份额已经从 1996 年开始下跌。他认为造成上述的原因是"在垂直整合框架下交易封闭性的公司之间的开放性"，这种转移的类型被称为"垂直非一体化"。

那些有高度技术困难和大量财务要求的关键部分，已经使得外国制造商更容易进入，同时这也使得中国的制造者在任何家用市场可以占得主要的市场份额。据说这是一种由中国公司行为所产生的商业模式，这些公司相较于产品多样化而言更加看重产品的价格，就像是在中央计划经济时代那样的共识。最重要的是，这种方式一方面可以使得低廉的最终产品的生产成为可能；另一方面产品的异质性导致的"均匀陷阱"对于激烈的价格竞争来说是比较困难的。

Marukawa，2007：67，71–72

即使这样，低价竞争仍然是目前竞争的一种重要方式，在将来重复的可能性也很大。同样地，根据 Marukawa 的研究，中国这种的"垂直非一体化"与中国台湾的半导体产业有很大的不同，中国台湾的王淑珍将其归类为"垂直非集成"。这是因为中国的"垂直非一体化"不是"建筑工艺的模式化转移"，没有改变那些发展中国家公司的产品设计思路。简而言之，这就是外形方面的简单模式化。然而，关键部分的外包的"垂直非一体化"模式，认为是规避技术能力和初始投资能力的缺失，然而这在垂直一体化公司理性的竞争中扮演着重要的角色（Marukawa，2007；43–44）。

Dieter Ernst 将日本的电子设备制造商在亚洲市场竞争力的缺失归因于以下五点：组织多样化的持续；风险最小化的当地转移；忽略当地市场特征和市场发展趋势而仅局限于日本市场；非日本技术工人、工程师和经理的创造应用能力较弱；在研发和外包方面的被动性。事实上，日本的电子设备制造商对于管理战略的选择和聚焦于传统的电子设备公司是非常抵触的，并且一般情况下，日本公司通常忽视非日本员工的积极作为。至于技术方面，正如 Ernst 指出的那样，核心的技术已经保留在日本，抵触在更广的范围内向亚洲转移（Ernst，2006：172–175）。

Henery Chesbrough 等认为，20 世纪 90 年代，在一个封闭的创新体系中，技术被停留在公司内部，只有将技术转移到主流的竞争战略中，促进外部技术效用的提升，才能推动企业发展。他们将此称为"开放的创新范例"。直到 20 世纪

80 年代，主要的全球化公司开始在公司内部发展研发战略，同时"垂直一体化"的类型被包括在公司产品的制造中。Chesbrough 指出索尼公司是这种类型的典型案例。索尼的产品例如电视显示器、动态随机存取存储器、芯片、游戏控制台、碟片机、数码相机、立体声和电视机，可以使自身专用的存储设备在这些设备中转移所有数据。然而，在 20 世纪 90 年代全球竞争的过程中，跨国企业希望在战略领域的资源对接中减少竞争，同时从资源的外包或者拆分中获得其他技术和产品（Chesbrough、Vanhacerbeke and West，2006：28，35–61）。东亚的本土公司，不论它们的背景如何，都顺应了这一趋势，并且加速了变革。但是，日本的本土应用产品公司在中国的最终品和奢侈品市场只能占到很少的份额。对于个人电脑市场来说也是如此。

汽车产业中也存在部分市场采用低价策略进行发展的趋势。对于日本的汽车产业来说，全球资源的激烈竞争可以被理解为产业"整体类型"的特征，最终令人满意的产成品不仅是简单的零部件的组装。豪华车的细分市场就是如此。世界顶级品牌车辆市场是被全球车辆公司垄断的。然而，这在中国是"国内大型制造商的垂直一体化模式，同时当地的小型制造商也垂直非一体化"（Marukawa，2007：192）。引擎作为设备也可以从外部获得。根据 Marukawa 的研究，这里的汽车制造商中仅有 8 家公司是完全垂直一体化的类型，并且仅有一两家公司是"封闭的垂直非整合"的汽车和引擎制造商。另外，"开放型"的公司，无论是一个汽车制造商从四家以上公司购买引擎，或者是一个引擎制造商将引擎卖给多于四家公司，目前这类公司数量已经增加到 50 家，引擎制造商已经增加到 35 家。三菱摩托和丰田汽车公司先后成为销售引擎方面的巨头（Marukawa，2007：212）。

尽管"模式"和"制造"两者概念有所不同，但是"同质化陷阱"这种制造方式可以让其达到与家庭应用品方面类似的效果。中国汽车制造商的价格中，有 3/4 用于引擎和变速器（Ibid，2008）。

但是，将这种生产体系仅作为一个简单的"向后的"生产系统是否合适呢？Marukawa 建议如下：

中国与日本的产业结构不同，通常认为中国市场经济的水平不发达……然而，最近中国公司的垂直一体化已经显示出了高水平的适应性。将中国的产业体系简单描述为"落后表现"是错误的，从垂直非整合的角度来说，可以反映出它的合理性。

Marukawa，2007：236

全球化带来的激烈竞争造成了一个垂直非整合或者作为一种新的商业模式产业组织的垂直分工，并且给东亚国家的发展提供机会。对此，东亚已经表现得游刃有余。为了更好的发展机会，要对生产过程进行组织的创新。对于中国企业和东亚企业来说不应只是通过简单低廉的工资进行资源竞争。另外，这可以被视为一种新的产业组织方式吗？这种动态推动了内部产业的聚集，并且增加了东亚的竞争力。这种理解也许同样有助于理解东亚的发展。

第五节　结　论

东亚已经形成了一个以出口为导向的沿海集中区域。因此日本/新兴产业国家—东盟/中国—欧洲/美国有更高水平的贸易三角已经诞生。不仅是生产还有经济整合以及市场化在不断提高。同时，这也增加了东亚内部区域的贸易发展，然而，从主权国家的观点来看，它们与发达国家市场取得的联系是建立在低廉工资的水平上，并且可以进行及时的组织创新等，以此获得竞争性。这增加了产业的聚集，并且进一步增强了竞争力。在这种动力机制下，国外分公司逐渐被赶超。

实际上，日本经济在20世纪90年代发展停滞，加之美国在2008年金融危机中遭受重创，如今东亚国家已经显示出一个强大的增长能力。世界上的企业对于以中国为首的新兴经济体增强了依赖性。市场不仅受限于发达国家，并且在东亚区域内部开始产生，自我依赖的发展进一步增加了可行性。世界上的企业开始以进入这些市场为目标。类似于出口加工区域或者是经济特区为代表的在一定区域内聚集的产业结构，尽管已显示出许多问题，但是中国内地和其他超赶型国家抓住了发展的机会。目前来看，"金砖四国高速增长"（巴西、俄罗斯、印度、中国）反映出公司的行为，这些国家在一个高速发展的区域内没有错过商业机会，从而替代了那些成熟的、低增长的发达国家市场。伴随着全球化和发达国家经济的成熟，人们对于在新的潜在的更大的市场经济体的研究产生了关注。这一章提及的经济体被称为"潜在的更大的市场经济体"（PoBMEs），上述的"金砖四国"便是一个典型的例子（Hirakawam，2010；Hirakawa and Thang Aung，2010）。

然而，IDE 的前研究者，日本大学的 Akifumi Kuchiki 教授提出了产业集群形成的流量图表方法，这种方法可以用于低水平的发展中国家通过出口加工区和经济特区这种产业聚集的方式获得发展（Kuchiki，2007，2008，2010）。许多东亚发展中国家的产业政策对于现有创新和发达国家的产业聚集区的改革是行不通的。这是因为产业的聚集是十分分散的。唯一的方法就是采取政策以提升产业的出口竞争力。Kuchiki 尝试将此作为产业集群理论系统化的一部分，他的产业集群理论已经有了第一步，聚集的目标，第二步，创新的目标。在第一步中，建立产业的基础设施，引进主要公司，同时增加相关产业的聚集程度。以此作为第二阶段的基础，产业集群的形成，通过与高校和研究机构的合作可以取得创新（Kuchiki，2010）。这加强了作者当前对于东亚以出口为导向的政策经验的机构的理解。实际上，如今公司的流动不仅是因为劳动力，也是追寻市场的一个过程。在超赶型国家的大量区域中，有利于形成产业集群。

但是产业的聚集与创新如何相关？正如许多研究指出，产业的聚集并不会自动产生创新。然而，在东亚特定的创新促进了产业聚集。2006 年的《日本中小企业白皮书》指出，日本的中小企业相对其他的亚洲产品已经失去了成本优势，在1991 年之后产品的运输成本和雇员的数量已经下降了 80% 和 70%，并于 2003 年达到高峰。"商业气候由于全球化的提升已经发生了很大的变化，信息技术的发展加速了变化的速度。"报告假设"价值通过最终聚集的现象所体现"是隐性的（SMEA，2006）。东亚在处理国际环境的时候只是简单地通过多样的创新来降低工资。这增加了竞争力，并进一步加强了"积极的锁住效应"的聚集影响。

除此之外，发达国家显著地向基于知识的经济体转型，以期获得竞争力，如今已经形成获得更多发展机会的完善政策。对于每个国家中央和地方政府来说，一个产业的集群政策可以分为"国家竞争力"和"区域产业政策"两方面来促进创新。当然，尽管在发达国家这种集群政策不是"灵丹妙药"，但是该政策确实可以提高国家成功的可能性。

最终，让我们来看一个新的观点。Fujita 从空间经济学的角度研究表明，当低成本的商品作为区域整合优势的结果时，这很可能在规模运营方面没有引起产业的多样化反而产生了产业的聚集。主流的经济学派强调，通过在自由贸易区整合经济可以增加财富。但是，实际上，国内外的经济整合仅在一定区域范围内增加，这使得区域分散的拓宽更加可行。在东盟国家，泰国汽车产业的集中度是十分明显的（Hirakawa and Kawai，2010；Maquito and Carbonel，2010）。此外，在中国的广州、天津和许多其他城市的聚集程度也是很高的。不可否认的是，在不远的将来竞争将会更加激烈。区域整合的加速将会促进东亚的结构转移，同时，在许多方面，将会使区域的产业政策更加清晰地显现。

注释

1. 2011 年 11 月 23 日，由名古屋大学举办的以"在东南亚创新和知识型产业的发展"为主题的国际会议中，这篇论文提供了一个缩略的视角。该论文先前用于名古屋大学/外贸大学合办的关于产业聚集、区域整合以及东亚的可持续发展为主题的国际会议，该会议于 2010 年 10 月 28~29 日在越南的外贸大学举办。

2. 有关区域商业聚集的表达，包括"产业区域""新产业空间""地域生产综合体""马歇尔近似模型""区域创新环境""网络区域"以及"学习区域"（Martin and Sunley，2003：8）。

3. 2001~2005 年，"产业集群计划"的第一阶段被推进实施，2006~2010 年，第二阶段被推进实施。在产业集群方面，例如 IT、生物、环境和制造业等 17 个项目在所有国家成为区域经济和产业组织优先发展的产业。

4. Kuchiki 近期发展了他自己的有关产业集群形成的流量表方法，通过重构 Makusen 的垂直产业分类，形成集群的基础分析框架（Kuchiki，2010）。

5. 在名古屋大学，有关 IT 产业的研究在中国台湾进行，2006 年协同清华大学经济研究机构的学者，2007 年协同韩国庆北国立大学以及韩国的高校—产业研究机构。根据关于 200 家台湾公司 CEO 教育背景的研究，得出以下结论：43 家公司的 CEO（22%）"有大学或者海外留学背景"；29 家公司的 CEO（15%）"有研究生学历"。经理通常有高学历和海外留学背景（Hirakawa et al.，2009）。

参考文献

English

Chesbrough, H., Vanhaverbeke, W., and West, J. (2006) *Open Innovation: Researching a New Paradigm*, Oxford: Oxford University Press.

Chia, S. Y. (2000) "Singapore: Destination for Multinationals," in John H. Dunning (ed.), Regions, *Globalization, and the Knowledge-Based Economy*, Oxford: Oxford University Press.

Dao Ngoc, T. Kien, D. N., and Van, D. T. (2007) "Invest in IPs, EPZs, and EZs in Vietnam: A Brief Guide," Special Publication for Foreign Investors, Cooperative Research Center, Foreign Trade University, Hanoi, Vietnam, December, 2007.

Ernst, D. (2006) "Searching for a New Role in East Asian Regionalization: Japanese Production Networks in the Electronics Indusry," in P. J. Katzenstein and T. Shiraishi (eds.), *Beyond Japan: The Dynamics of East Asian Regionalism*, Ithaca and London: Conell University Press.

Fujita, M. and Hamaguchi, N. (2008) "Regional Integration in East Asia: Perspectives of Spatial and Neoclassical Economics," in M. Fujita, S. Kumagai, and K. Nishikimi (eds.), *Economic Integration in East Asia: Perspectives from Spatial and Neoclassical Economics*, Cheltenham, UK: Edward Elgar, pp. 13-42.

Fujita, M., Kumagai, S., and Nishikimi, K. (eds.) (2008) *Economic Integration in East Asia: Perspectives from Spatial and Neoclassical Economics*, Cheltenham: Edward Elgar.

Hirakawa, H. (2010) "East Asia's Structural Change from NIEs to Potentially Bigger Market Economies and Regional Cooperation: Implications for a Small Economy," paper presented at the Second Annual Conference of the Academic Network for Development in Asia (ANDA), Phnom Penh, Cambodia, January 8-10, 2010.

Hirakawa, H. and Thang Aung, T. (2010) "Globalization and the Emerging Economies: East Asia's Structural Shift from the NIEs to Potentially Bigger Market

Economics," Paper Presented at the International Conference on East Asia's Industrial Agglomeration: Current Issues and Policy Responses, Foreign Trade University, Hanoi, Viemam, March 20, 2010.

Hobday, M. (1995) *Innovation in East Asia: The Challenge to Japan*, Cheltenham: Edward Elgar.

International Labor Office (ILO) (2008) "Report of the InFocus Initiative on Export Processing Zones (EPZs): Latest Trends and Policy Development in EPZs," GB.301/ESP/5, United Nations, Geneva, March 2008.

Japan Small Business Research Institute (JSBRI) (2006) "White Paper on Small and Medium Enterprises in Japan," Small and Medium Enterprise Agency, Tokyo, 2006.

Kuchiki, A. (2008) "Industrial Clustering and MNE Management in East Asia: Recent Progress and Prospects for the Asian Triangle," in M. Fujita, S. Kumagai, and K. Nishikimi (eds.), *Economic Integration in East Asia: Perspectives from Spatial and Neoclassical Economics*, Cheltenham, UK: Edward Elgar, pp. 77–105.

Krugman, E R. (1991) Geography and Trade, MA: MIT Press.

Krugman, E R. (1995) *Development, Geography, and Economic Theory*, MA: MIT Press.

Markusen, A. (1996) "Sticky Places in Slippery Space: A Typology of Industrial Districts," *Economic Geography*, 72 (3): 293–313.

Marshall, A. (1890) Principles of Economics, Book Ⅳ, London: Macmillan Co. Ltd.

Martin, R. and Sunley, E (2003) "Deconstructing Clusters: Chaotic Concept or Policy Panacea?" *Journal of Economic Geography*, 3 (1): 5–35.

Okita, S. (1985) "Prospect of the Pacific Economies," Special Presentation of the Fourth Pacific Economic Cooperation Conference: Korea Development Instimte's Pacific Economic Cooperation Conference, Seoul, April 29–May 1, 1985.

Organisation for Economic Co –operation and Development (OECD) (1979) "The Impact of the Newly Industrializing Countries on Production and Trade in Manufactures," Report by Secretary-General, Paris, 1979.

Organisation for Economic Co-operation and Development (2007) *Competitive Regional Clusters: National Policy Approaches*, OECD Reviews of Regional Innovation Series, Paris: OECD Publishing, 2007.

Ozawa, T. (2009) *The Rise of Asia: The "Flying-Geese" Theory of Tandem Growth and Regional Agglomeration*, Cheltenham: Edward Elgar.

Park, S. O. (2008) "ICT Clusters and Industrial Restructuring in the Republic of Korea," in Shahid Yusuf, Kaoru Nabeshima, and Shoichi Yamashita (eds.), *Growing Industrial Clusters in Asia: Serendipity and Science*, Washington, D.C.: World Bank.

Philippine Economic Zone Authority (PEZA) (2010) "Zone facts", Available at http://www.peza.gov.ph/, accessed March 2010.

Piore, M. J. and Sabel, C. F. (1984) *The Second Industrial Divide: Possibilities for Prosperity*, New York: Basic Books.

Porter, M. E. (1980) *Competitive Strategy: Techniques for Analyzing Industries and Competitors*, New York: Free Press. Japanese edition. Republished with a new introduction, 1998.

Porter, M. E. (1990) "The Competitive Advantage of Nations," *Harvard Business Review*, 9 (2): 73-93.

Porter, M. E. (1998) On Competition, Boston: Harvard Business School Press.

Saxenian, A. (1994) *Regional Advantage*, MA: Harvard University Press.

Saxenian, A. and Hsu, J.-Y. (2005) "The Silicon Valley-Hsinchu Connection: Technical Communities and Industrial Upgrading," in S. Breschi and F. Malarba, Clusters, *Networks and Innovation*, Oxford: Oxford University Press.

World Bank (2009) *World Development Report: Reshaping Economic Geography*, Washington D.C.: World Bank.

World Trade Organization (WTO) (2009) *International Trade Statistics 2009*, Geneva: WTO.

服务化、信息化和创新模型

Japanese

Choi, Y.-H. (2008) "Kankoku no Sangyou Kurasuta Kenkyu Doukou Oyobi Shuyou Sangyou no Shuseki Genjou Bunseki" ("Trends in Industrial Cluster Research of Korea and Analysis of the Present Stares of Industry's Agglomeration"), Peking University-Nagoya University Joint International Symposium on East Asia's Industrial Clusters, School of Government, Peking University, October 17-18, 2008.

Fujita, M. (2003) "Kukan Keizaigaku no Shiten kara Mita Sangyo Kurasuta Seisaku no Igi to Kadai" ("The Significance and Issues of Industrial Cluster Policy Spatial Economics from a Spatial Economics Perspective"), in Y. Ishikura, M. Fujita, N. Maeda, K. Kanai, and A. Yamazaki, *Nihon no Sangyo Kurasuta Senryaku* (*Japan's Industrial Cluster Strategy*), Tokyo: Yuhikaku, pp. 211-262.

Hirakawa, H. (1992) *NIEs: Sekai Shisutemu to Kaihatsu* (*NIEs: World System and Development*), Tokyo: Dobukan.

——(1997) "Higashi Ajia Kogyouka Dainamizumu no Ronri" ("Theory of East Asia Industrialization Dynamism"), in Nobuji Kasuya (ed.), *Higashi Ajia Kougyoka Dainamizumu* (*East Asia Industrialization Dynamism*), Tokyo: Hosei University Academic Press, pp. 3-31.

——(2006) "Kankoku/Taiwan no Keizai Hatten to Chusho Kigyo" ("Economic Development of Korea and Taiwan and Small and Medium Firms"), in H. Hirakawa, Shinkei Liu, and Choi Yong-Ho (eds.), *Higashi Ajia no Hatten to Chusho Kigyou; Gurobaruka no nakano Kankoku-Taiwan* (*East Asia's Development and Small and Medium Enterprises: Korea-Taiwan Amidst Globalization*), Economic Research Center Series 11, Nagoya University, Tokyo: Gakujutsu Shuppanknai, pp. 13-27.

Hirakawa, H. and Kawai, S. (2010) "Higashi Ajia ni okeru Jidousha Sangyou no Hatten to Kokusai Bungyou: Boueki Kouzou no Tenkan wo Chuushin nishite" ("The Development and Division of Labor of the Automotive Industry in East Asia: Focus on the Shift of the Trade Structure"), Paper Submitted at "Kokusai Keizai Kankyou no Henka to Higashi Ajia no Sangyou Shuuseki" ("Changes in the International Economic Environment and East Asia's Industrial Agglomeration"), Nagoya University International Symposium and Workshop, Nagoya University, October 27 – 28, 2010.

Hirakawa, H., Tawada, M., Yamori, N., Nemoto, J., Su, H.-Y., Choi, Y.-H., and Seo, J.-H. (2009) "Taiwan-Kankoku IT Sangyou Kurasuta oyobi Chiiki Kinyu ni Kansuru Ankeito Chosa Houkoku" ("Report on the Questionnaire Survey about Taiwan-Korea IT Industrial Cluster and Regional Finance"), Chosa to Shiryou (Survey and Documents), Nagoya University, Number 116, March 2009.

Hirata, E. (2008) "Kankoku no Handoutai Kurasuta," in A. Yamasaki (ed.), *Handotai Kurasuta no Inoveisyon* (*Innovation of Semi-conductor Clusters*), Tokyo: Chuo Keizaisha, pp. 85–110.

Horaguchi, H. (2009) *Shugouchi no Keiei* (*The Management of Collective Knowledge*), Tokyo: Bunshindo.

Institute for International Trade and Investment (ITI) (2007) *International Trade Matrix by Product*, Tokyo: Institute for International Trade and Investment.

Institute for International Trade and Investment (ITI) (2008) *International Trade Matrix by Product*, Tokyo: Institute for International Trade and Investment.

Ishikura, Y. (2003) "Ima Naze Sangyo Kurasuta Ka" ("Why Industrial Clusters Now?"), in Y. Ishikura, M. Fujita, and N. Maeda, *Nihon no Sangyo Kurasuta Senryaku: Chiiki ni Okeru Kyousou Yuui no Kakurits* (*Japan's Industrial Cluster Strategy, Establishment of Competitive Advantage in the Regions*), Tokyo: Yuhikaku.

Kanai, K. (2003) "Kurasuta Riron no Kento to Saikousei; Keigaku no Shiten Kara" ("A Consideration of Cluster Theory and Reformulation: A Management Perspective"), in Y. Ishikura, M. Fujita, N. Maeda, K. Kanai, and A. Yamazaki, *Nihon no Sangyo Kurasuta Senryaku* (*Japan's Industrial Cluster Strategy*), Tokyo: Yuhikaku, pp. 43–74.

Kato, H. and Kubo, T. (2009) *Shinka suru Chuugoku no Shihon Shugi* (*China's Evolving Capitalism*), Tokyo: Iwanami Shoten.

Kishimoto, C. (2008) "Higashi Ajia Handoutai Kurasuta no Torihiki Rinkeiji" ("Trans-action Linkages of East Asian Semiconductor Clusters"), in A. Yamasaki

服务化、信息化和创新模型

(ed.), *Handotai Kurasuta no Inoveisyon* (*Innovation of Semiconductor Clusters*), Tokyo: Chuo Keizaisha, pp. 85–110.

Kojima, K. (2003, 2004) "Gankou Keitai Keizai Hatten Ron" ("Flying Geese Economic Development Theory"), Vol. I and Vol. II, Tokyo: Bunshindo.

Kuchiki, A. (2007) *Ajia Sangyou Kurasuta Ron: Furochato no Kanousei* (*Asia Industrial Cluster Theory: Flowchart Possibilities*), Tokyo: Shoseki Kobo Hayama.

Kuchiki, A. (2010) "Sangyo Kurasuta Seisaku ni Taisuru 'Furochato A-purochi': Afurika heno Tekiyo" ("A Flowchart Approach to Industrial Cluster Policy: An Application to Africa"), in Foundation for Advanced Studies on International Development (ed.) *Sahara Inan Afurika heno Atarashii Kaihatsu Enjo wo Motomete* (*In Search of New Development Aid to Sub-Sahara Africa*), Tokyo: Foundation for Advanced Studies on International Development, pp.101–125.

Maquito, F. C. and Carbonel, H. (2010) "Rediscovering Japan's Leadership in 'Shared Growth' Management," *Rikkyo Business Review*, 3: 20–38.

Marukawa, T. (2007) *Gendai Chuugoku no Sangyo* (Modem China's Industry), Chukou Shinsho, Tokyo: Chuokoronsha.

Marukawa, T. (2008) "Sangyo Shuseki no Hassei: Onshu de no Kansatsu Kara" ("The Generation of Industrial Agglomeration: From Observations in Wenzhou"), *Chugoku Keizai Kenkyu* (*China Economic Research*) (Chuugoku Keizai Gakkai), 5 (1): 19–33.

Matsubara, H. (1999) "Shuseki Riron no Keifu to 'Shin Sangyo Shuseki'" ("The Lineage of Agglomeration Theory and the 'New Industrial Agglomeration'"), University of Tokyo, *Jinbun Chirigaku Kenkyu* (*Human Geography Research*) (13): 83–110.

Ministry of Economy, Trade and Industry (METI) (1997) "Tsusho Hakusho" ("White Paper on International Economy and Trade), Tokyo: METI.

Ministry of Economy, Trade and Industry (METI) (2005a) "Tsusho Hakusho" ("White Paper on International Economy and Trade: Towards a new Dimension of Economic Prosperity in Japan and East Asia"), Tokyo: METI.

Ministry of Economy, Trade and Industry (METI) (2005b) *Sangyo Kurasuta Kenkyukai Houkokusho* (*Industrial Cluster Research Group Report*) (Sangyou Kurasuta Kenkyukai), May, Tokyo: METI.

Ministry of Economy, Trade and Industry (METI) (2006) *Sangyo Kurasuta Dai Niki Chuki Keikaku* (*Industrial Cluster 2nd Period Mid-Term Plan*), April, Tokyo: METI.

Ministry of Economy, Trade and Industry (METI) (2008) "Tsusho Hakusho" ("White Paper on International Trade"), Tokyo: METI.

Nakamura, S. (2007) "Chugoku Megane Sangyou no Seisan to Ryutsu" ("China Eyeglass Industry Production and Distribution"), International University of Kagoshima, *Chiiki Sougo Kenkyu* (*Regional Research*), 35 (1): 1–31.

Park, S.-O. (2008) "ICT Clusters and Industril Restructuring in the Republic of Korea: The Case of Seoul" in S. Yusf, K. Nabeshima, and S. Yamashita (eds.), *Growing Industrial Clusters in Asia*, Washington D.C.: World Bank, pp. 195–216.

Sakamaki, T. (2006) "Higashi Ajia Shokoku ni okeru Chiiki Kakusa to Kokudo Seisaku" ("Regional Disparity in East Asian countries and National Territory Policy"), *Kaihatsu Kinyu Kenkyujoho* (*Journal of JBIC Institute*), No. 29: 84–122.

Sato, T. (2007) *"Taiwan Haiteku Sangyo no Seise to Hatten"* (*"Origin and Development of Taiwanese High-Tech Industry"*), Tokyo: Iwanami Shoten.

Schumpeter, J. (1977; 2. Aufl, 1926) *Theorie der Wirtschaftichen Entwicklung*; trans. Keizai Hatten no Riron (Jo) *Theory of Economic Development* (1st of two volumes), translation, Tokyo: Iwanami Shoten.

Seo, J. H. (2009) "Kurasuta ni motozuita Kankoku no Chiiki Sangyou Seisaku" ("Korea's Regional Policy Based on Clusters"), "Kokusai Keizai Kankyo no Henka to Higashi Ajia no Sangyo Shuseki' ("Changes in International Economic Environment and East Asia's Industrial Agglomeration"), Nagoya University International Symposium/Workshop, submitted paper, Nagoya University, October 27–28, 2009.

Small and Medium Enterprise Agency (SMEA) (1989) "White Paper on Small and Medium Enterprises in Japan," Tokyo: SMEA.

Small and Medium Enterprise Agency (SMEA) (1994) "White Paper on Small and Medium Enterprises in Japan," Tokyo: SMEA.

Small and Medium Enterprise Agency (SMEA) (1995) "White Paper on Small and Medium Enterprises in Japan," Tokyo: SMEA.

Small and Medium Enterprise Agency (SMEA) (1996) "White Paper on Small and Medium Enterprises in Japan," Tokyo: SMEA.

Small and Medium Enterprise Agency (SMEA) (2006) "White Paper on Small and Medium Enterprises in Japan," Tokyo: SMEA.

Tawada, M. and Tsukada, Y. (2008) "Nihon ni Okeru Sangyo Kurasuta Seisaku to Sono Genjou" ("Industrial Cluster Policy in Japan and its Present Status"), Peking University–Nagoya University Joint International Symposium on East Asia's Industrial Clusters, School of Government, Peking University, October 17–18, 2008.

Urn, C.-O. (2009) "Kankoku no Sangyo Kurasta Seisaku no Sin Tenkai" ("A New Development in Korea's Industrial Cluster Policy"), submitted paper, Nagoya University, October 27–28, 2009.

Wang, J. (2010) "Gurobaruka no nakano Chugoku no Sangyo Kurasuta" ("China's Industrial Cluster amidst Globalization") in H. Hirakawa, M. Tawada, R. Okumura, N. Yamori, and J. H. Seo (eds.), *Higashi Ajia no Shin Sangyo Shuseki* (*East Asia's New Industrial Agglomeration*), Tokyo: Gakujutsu Shuppankai, pp. 149–160.

Wang, S.-Z. (2006) "Taiwan Handoutai Sangyo no Hatten ni Okeru Seifu no akuwari oyobi Seisan Shisutem to Kigyoukan no Torihiki Kankei" ("The Government's Role in the Development of Taiwan's Semiconductor Industry and Inter–Firm Transactions Relationships"), Doctoral dissertation (Economics), University of Tokyo.

Watanabe, Y. (1994) "Kikai Kougyo no Kaigai Seisanka to Kokunai Kougyo Shuseki no Saihensei" ("Overseas Manufacturing of Machinery Industry and Reform of Domestic Industrial Agglomeration"), Shokou Kinyu (*Commerce and Industry Finance*), 44 (7): 3–22.

Yamamoto, K. (2005) *Sangyo Shuseki no Keizai Chirigaku* (*Industrial Agglomeration and Economic Geography*), Tokyo: Hosei University Academic Press.

Yamasaki, A. (2005) "Sangyo Kurasuta no Igi to Gendaiteki Kadai" ("The Significance and Modern Issues of Industrial Clusters"), *Soshiki Kagaku* (*Organizational Science*), 38 (3): pp. 4–14.

Yamasaki, A. (ed.) (2008) *Handotai Kurasuta no Inobeshon*: *Ni-Chu-Kan-Tai no Kyousou to Renkei* (*Innovations of Semiconductor Clusters*: *Japan-China-Korea-Taiwan's Competition and Cooperation*), Tokyo: Chuuo Keizaisha.

Chinese

Council for Economic Planning and Development (CEPD) Executive Yuan, Republic of China (Taiwan) (2010) "National Spatial Strategic Planning," *Taiwan Economic Forum*, 8 (3): 16–56.

Industrial Technology Research Institute (ITRI) –Industrial Economics & Knowledge Center (IEK) (2009) *Semiconductor Industry Yearbook*, Hsinchu, Taiwan: Industrial Technology Research Institute.

Mang, J.-S. and Hirakwa, H. (2009) "Fiscal Federalism, Industrial Policies and Toyota's Separate Management in Southern and Northern China" (in Chinese), *Contemporary Economy of Japan*, Jilin University and All-China Japan's Economy Association, China, 163: 17–24.

National Bureau of Statistics of China (NBS, China) (1991; 2001; 2009) *China Statistical Yearbook*, Beijing: China Statistics Press.

——基于中国的分析框架和实证研究

宋雷和葛东升

第一节 引 言

自 20 世纪 90 年代，发展经济学家就已经注意到了发展模式的变化。一方面，作为亚洲第一代和第二代的发展者所追随的"后发展"路线，在日本和韩国已经变得不再那么有效，这与当前的发展国家已经完全不相关；另一方面，尤其是中国和印度这两大引擎经济体，当前的发展阶段出现了一些新的形式和现象。例如，在中国和日本的经济高速增长阶段，中国外贸依存度和劳动效率的增长都比日本要高很多，但是中国公司的研发支出和利润率比那些日本公司又要低很多。更进一步来说，在日本经济高速增长与发展的阶段中，对于新进者来说，例如索尼和宏达公司，已经是技术方面的领先者；然而，中国经济长期持续的增长，并没有随着经济的发展而产生世界级的公司。这些现象表明，20 世纪 60 年代的日本和 90 年代的中国两者之间的发展路径和主导发展模式是十分不同的（Song，2011）。

不同的发展模式对于发展中国家的创新行为有很大的影响。日本采取的一些创新战略和政策，如今在中国和其他发展中国家并不见效（Song and Sun，2012）。事实上，自 21 世纪以来，这些追赶型国家在创新战略以及创新政策方面已经开始有所行动。

考虑到上述因素，这一章集中在两个相关的内容上：第一个内容是为什么会发生这种发展模式的变化，第二个内容是这种发展模式的变化是如何影响发展中国家的创新行为和能力建设。在这一章中，中国被视为在新发展模式时代下的典型发展中国家，同时我们会分析中国在不同产业方面的创新行为的起源和特征。

接下来，本文的第二章简要回顾了发展模式变化的特征。第三章在衡量发展模式的变化和创新行为的关系基础上提出了一个典型的分析框架。第四章讨论了按照上文提及的分析框架下的中国在两种产业类型方面的实践经验。第五章为总结。

第二节　从后发展，缩短进程到扁平化发展

在发达国家，主导的发展模型已经成为中心话题。在 Alexander Gerschenkron 关于发展模型的研究论文中，对经济落后的优势或者追赶问题进行了深刻的分析。考虑到 19 世纪欧洲国家的经历，Gerschenkron 说道，一个国家的经济越落后，制造者的商品卖给消费者的商品的压力就越大，工厂和企业大规模生产的压力就越大，特殊机构因素所起的作用也就越大（Gerschenkron，1962）。

所谓的"东亚奇迹"提醒亚洲经济的观察者们，正如 Gerschenkron 对于欧洲后来追赶国家的独特解释，例如德国和俄罗斯。实际上，国家的发展模型，是诸如日本、韩国和中国台湾这些亚洲经济增长追赶者的理论解释，是 Gerschenkron 追赶理论在一个更大范围内的重新定义和升级（Johnson，1982；Amsden，1989；Wade，1990；Evans，1995）。从后发展模型的新角度来看，监管机构、选择性的产业政策以及战略企业——政府关系是作为典型的成功发展国家的特征。

Gerschenkron 的观点是，后发展者是跟随远离于均衡和稳定的发展路径。事实上，在日本和韩国的发展路径上存在着很大的区别。一些发展经济学者已经注意到了这种区别，尽管他们的研究聚焦于单个国家的实践经验。例如，Kim（1988）和 Hattori（1999，2007）分析道，与日本相比，韩国的发展阶段更短，

并且被称为"技术节约型发展"。

其他的发展经济学者，例如，Ohkawa 和 Kohama 已经注意到日本和他的追随者之间在发展节奏上的不同，这不仅仅是在日本和韩国之间有所不同。他们将下述的发展模式概念化为一个可伸缩的过程；尽管他们并没有在发展模型的细节方面进行深入的分析，如下文所述：

首先我们想要指出的是，对于私人企业来说，在二次进口替代阶段引进当代的技术是十分困难的。因此，政府在"最初开始"阶段直接或者间接地推进是有必要的。……国外技术通过"干中学"这种方式进入国内的制造业是十分消耗时间的。……日本的"最初开始"阶段最终于 1993 年前后结束。……但是这并不是意味着二次进口替代阶段的结束。……事实上，日本是在 20 世纪 50 年代转移到二次进口替代阶段。如今，在发展中国家这样的二次进口替代阶段可以被缩短。我们将这种过程称为可伸缩进程。

Ohkawa and Kohama，1993：87–88

过去的二十年间，发展中国家的发展模式发生了快速的变化，"雁行模式"由此诞生。结果是，不同于日本的发展途径，中国和印度作为两个后起之秀成为发展最成功的国家。印象中，对于这些不同的模式，一些研究者试图将发展模式的最新变化概念化（Shin，2005）。在这些研究中，压缩的发展假设（Whittaker et al.，2010）是最广泛和最有力的说明。不同于压缩的发展假设宣称的那样，压缩的发展假设将发展的变化集中于他们的争论和关于此事多变的处理。他们认为，20 世纪 80 年代经济发展的途径对于潜在的发展者来说，已经从根本上发生了变化。聚焦于东亚，他们将后发展模型的路径称为"压缩的发展"。对于后来发展和压缩发展，他们写道：

本质上，"后来发展"和"压缩发展"的不同点是两方面的。一方面是范围的压缩。……后来发展的研究已经提及，在态度和制度方面，发生了快速不均匀的变化。所有的后来发展者，在一定程度上都是压缩发展者，但是越晚来的发展者，压缩的程度越大。……另一方面是与时间相关的产业阶段。像日本这样的后来发展者在他们之前（在更早的发展者之前），已经设想和实现了在领先产业部门提高规模和垂直整合。一些国家也发现通过效仿和创新的方式可以实现创造"后发展"模式。然而，最近的发展者面对世界上分散的生产体系以及地理上的扩散，尤其是那些驱动经济发展的产业，创造了产业、经济和空间组织的新模式……这两方面的不同和他们之间的相互联系，导致了"压缩发展"。

Whittaker et al.，2010：440-1

表 3.1　不同发展模型的比较

	后发模型	压缩模型
Typica countries	日本	中国，印度
Driving force	国内公司	全球价值链
Feature of catching-up	雁行模式	追赶无序
Degree of compression	轻微	明显
Organizational form	垂直整合	非整合
Policy implication	发展国家	自适应状态

注：在压缩发展模型的描述中，韩国和中国台湾被作为从后发模型转变为压缩发展模型的国家（Hugh et al.，2010：442；Shin，2005a：103-5）。

20 世纪 80 年代的后发展模式和 20 世纪 90 年代中期的压缩发展模式的比较如上表所示。

第三节　发展模型的变化及其对创新行为的影响：分析框架

尽管创新行为不是发展国家理论的核心，但一些发展国家的理论家已经注意到创新行为在后期的发展模型中占据着一个决定性的作用（Weiss，1995：595；Kim，1997：86）。据此分析，后来的发展国家通过反向工程和"干中学"的途径从国外公司借用技术以及积累技术水平（Amsden，1989：152-153；Kim，1997：88-90）。同样地，一些技术历史方面的专家指出，在后期发展时代，日本国内的公司发展成完整的组织，并且在公司和国家层面的创新行为被称为国产的创新（Lazonick and Mass，1995）。然而，尽管这些发展理论家的论述以及分析框架是以解决技术能力的内生性为目标的，但他们的分析框架仍是直观和清晰的。

不同于大部分的发展理论家的论述，压缩发展假设宣称将创新行为置于发展

服务化、信息化和创新模型

模型变化研究的中心地位。

显然地,压缩发展理论的假设有助于理解将发展模型的变化转为技术变化,尤其是更大范围上的产品架构的变化(Whittaker et al., 2010:441)。然而,作为发展模型变化的第一个综合研究的基础,作者没有建立一个可行的分析框架去理解,在压缩发展时代,后期发展者的创新行为的产生,尽管他们争论的一个关键词——产品架构,为分析理论提供了一个良好的开端。

产品架构指的是通过一个产品的物理部分所形成的组合(Ulrich, 1995:419)。产品架构的基本类型可以分为模式化架构、综合架构、开放架构和封闭架构(Ulrich, 1995)。具体来说,如果筹划在功能和组成方面一对一的比较,组成部分是通用的,而产品的架构是模式化的;如果筹划在功能和组成方面一对多的比较,组成部分是特定的,而产品架构是一个整体。消费电子品的架构是模式化的,然而汽车的架构是完整的。

根据上述产品架构的定位,所谓的模式化指的是架构变化过程在产品架构上从完整的一面转移到模式化的一面。D. Hugh Whittaker 和他的合著者认为,"新技术的加速发展,尤其是信息和交流技术,是推进压缩发展的最重要的驱动力,这就是模式化的结果"(Whittaker et al., 2010:441)。由此看来,产品架构的变化是发展模式变化或者说是压缩发展产生的主要驱动力。

为了理解后来者在技术能力上的积累程度和路径,我们需要对技术能力的可得性进行定义,区分技术能力和生产能力。然而,尽管技术能力的研究在后发展模型的著作中有很长一段的研究历史(Amsden, 1989:173-175, 2001:4;Lall, 1992:166-167;Kim, 1997:111-112),技术能力的现有定位都是描述性的或者规范性的,而不是定量的或者应用型的。

借助于竞争性的基础架构分析的发展(Henderson and Clark, 1990;Ulrich, 1995;Fine, 1998;Fujimoto, 2007),产生了可以选择的技术能力可供选择的定义。在产品架构的过程中,技术能力是由架构知识和关键的组成知识所构成的。架构知识指的是,功能和组成原件的筹划,或者是一个产品组成的相互联系的知识。关键的组成知识可以被定义为体现核心设计的理念,以及涉及这些核心设计理念和在这些关键组成部分被替代的方针的关键组成知识。同样地,生产能力可以被定义为关键组成部分和其他组成部分之间准确有效的连接。

基于竞争性的架构基础视角，通过发展模型的文献中提及的技术能力和生产能力的概念，一个应用的分析架构可以被用于理解在压缩发展时代技术能力的形成。在接下来的部分，我们将分析中国两个典型的模式化和整体化产业——消费电子品产业和汽车产业的生产能力和技术能力，以及他们间的相互关系。

第四节　发展模型的变化及其对创新行为的影响：中国反实证案例

一、在消费电子产业的创新行为

　　对于后发展者来说，在压缩发展的时代，模式化产业的技术变化逻辑是十分清晰的：模式化意味着关键组成部分变得越来越复杂，并且在组成部分之间的接口变得越来越标准化。作为这些技术变化的结果，架构知识在一定范围内变成了公共物品。这很好地解释了为什么最新的电子产品刚在日本被研发出来，电视机和 DVD 播放器的面板就被成功生产出来，尽管事实上传统产品的循环假设或者"雁行模式"预言，对于后来者掌握生产发达国家研发出最新产品的技术需要很长一段时间。其中更让人印象深刻的是，预计在类似的技术领域上，它将占用中国生产商十年的时间去提高一些电子产品的质量，近些年来产品架构转移到模式化的时候，产品质量提高得更快。产品的复杂性主要体现在关键成分以及各部分的接口在模式化架构下可以很好地被定义，这对于中国企业来说在消费电子领域可以快速提高它们的生产量、产品质量以及劳动的效率一点也不奇怪。

　　然而，消费电子产业的模式化同时也意味着关键组成知识变得越来越难以掌握，以及一些发展中国家的公司开始在"模式化陷阱"中被困住（Song，2008）。

　　在一些消费电子产业中，模式化推动技术变化，显示出明显的非连续性，并且当地公司的技术学习已经被连续打断。举例来说，中国的电视机产业在十年或者更长的时间内逐渐积累了布朗管状相关的知识。但是平面屏幕完全不同于关键组成部分和布朗管的知识，不能被转移到制造或者设计液晶电视或者等离子电

服务化、信息化和创新模型

视。电视面板技术的快速升级使得中国电视制造商的地位更加微弱。从第五代到第九代成品，它们只要采用多元化合作，花费五年的时间便可升级它们的生产线。更进一步说，在将来，OLCD（有机发光二极体）显示屏有替代液晶显示屏和等离子显示屏的趋势。如果有机发光二极体电视机成为新的主要设计，在液晶显示屏和等离子屏幕所累积的技术能力将被又一次终止。另外一个案例是芯片。在平板面板的电视机时代，电视机的阴极显像管从以前的五个芯片被压缩到一两个芯片，这就意味着芯片设计的进入壁垒被进一步提高。在电视机产业方面，关键技术的精密程度带来了组织架构间和技术学习两方面的相关影响。首先，布朗管变为平板是模式化替代的一种形式，从五个芯片被压缩到一两个芯片也可以被称为模式的链接（Baldwin and Clark，2000）。模式的替代和集成创造了更多精密化的模型，引起了产品的更新换代和组织间架构的更迭。其次，产品和组织间架构的更迭等级的上升减少了设计者和设计标准制造者之间的交流，同样也会增加后发展者掌握这些新模式的相关知识的难度。

简而言之，在模式化的产业中，生产容量的增加不仅积累了关键组成技术，而且促进了生产效率的提高和相关技术的进步。换言之，对于后发展者来说，生产容量和技术能力对于不同方向的模式化产业来说存在潜在风险。这就是中国开始完善国内政策、鼓励本土制造商设计和生产关键部分的原因。

二、汽车产业的创新行为

为了更有效地开发整体架构产品，整合能力或者事后合作能力是十分重要的（Fujimoto，2007）。在发展过程中，当一项任务难以被清晰地分解时，试错及递归的调整是不可避免的。因此，加速智能整合能力被认为是消耗时间的。

与期望相反，中国在汽车产业如同电子产业一般已经取得了惊人的增长。2010 年，中国已经成为世界上最大的汽车制造基地。随着合资方式的发展，本土品牌也取得了跨越式的发展，并且占有 1/3 多的市场份额。当地的汽车制造商是如何意识到在一个整合产业中需要实现快速地发展？在快速发展超赶的过程中，技术能力和生产能力之间是否存在差距？下面的这些案例可以回答上述问题。

与合资公司相比，当地的公司瞄准了更低的价格区域或者超低的价格部门。

中国的轿车市场上的客户按照上述方式被分为两类：一类是中上阶层客户，他们追求更高的价格以及更好的质量；另一类客户由于预算受约束、支付能力有限将会选择性价比较高的经济型小轿车。

事实上，当地的汽车制造商依赖于外部资源和能力去发展他们的汽车模型。举例来说，大部分公司信任意大利汽车制造工作室来完成汽车的款式设计和车身架构设计，例如意大利汽车设计室（Italdesign）、宾尼法利纳（Pininfarina）公司以及博通（Bertone）。它们同样外包给日本的模具公司，例如荻原（OGIHARA）和富士技术公司（Fuji Technical）。在当地汽车制造商使用他们自己的引擎生产设备之前，三菱公司成了主要的引擎供应商，爱信精机（Aisin Seiki）是另外一家大型自动转换器供应商。此外，特尔斐和博世两家公司给所有的本地品牌商提供了引擎管理系统（EMSs）并且还给莲花公司提供了底盘转换服务以便提高汽车模型的驱动力。

将核心部分外包对于刚起步的本地公司而言是自然而然的决定，因为他们没有技术能力，但是在全球化进一步推进的过程中，他们有丰富的外部资源可供选择。同时，为了控制成本，大部分当地制造商倾向于购买已经存在的部分构件，并且尽量避免开发特殊模型的组成构件。然而，汽车是一种典型的组合产品，产品功能取决于那些组合零件以及它们之间的连接。合成是将这些链接合成并且取得最优系统功能。在精密发展的过程中，丰田公司控制着产品发展，它通常将核心功能（引擎和转换器）作为首要条件，并且车身外观的设计也要符合核心功能。在后期的细节设计阶段，所有的组件将被清晰地定义规格。当丰田公司将大部分设计外包给外部公司时，它通常严格控制系统设计，并且提供已经被详细确认过的要求严格的供应商评价标准（Fujimoto，1999）。这种供应链的管理方式可以被视为严格的整合方式管理。因此，当中国本土汽车制造商意识到主要的核心部分通过购买可以取得时，他们面临着一个更为棘手的问题：没有充分的制造知识，如何去整合这些部分呢？

接下来，我们将提供一个详细的案例来研究当地的汽车制造商如何通过整合关键技术和车身，以满足国内现有监管体制。通过这个案例研究，我们可以看到中国公司之间独特的合作方式，这将影响着当地品牌的增长能力。

涉及的欧洲标准中，欧洲Ⅰ号标准是在1999年第一个进入北京市场并且在

服务化、信息化和创新模型

2000 年推广到全国市场。随后，更多严厉的监管措施出台。2008 年北京引进了欧洲Ⅳ号标准，从 2010 年开始全国实施同一种标准。不同的是，监管当局对设计能力的约束更加严格，从而倒逼企业去提高整合能力。

为了达到监管标准，燃烧效率的提高是十分显著的，在此过程中，EMS 扮演了十分重要的角色。EMS 主要的功能是精准地控制燃油喷射、点火以及被中央板控制的喷射系统（引擎控制单元（ECUs））达到清洁的外部排放、节约燃料并且有着良好的驱动性。因为不同的空气—燃料混合物——一氧化碳和碳氢化合物的相互交换，其产生的排放物中的混合物变得更加丰富（比汽油提供的更多），但是如果混合物太干净（甚至比空气还要干净），氮氧化物会增加，因此控制空气—燃料的最优比是十分重要的。

（1）传感器会探测风门的位置，大量的气流会对曲柄角、气压、轮胎速度等带来多重压力；

（2）驱动器，例如气流阀、燃料组成部分的连接以及燃火系统等；

（3）ECU，处理从传感器发来的内部信号，将环境和轮胎状况的变化发送给诸如引擎之类的命令驱动器。

ECU 包含了两个主要的部分：中央处理单元以及记忆部分。程序（软件）告诉 ECU 去做什么以及什么时间去做，被存储在 ROM（只读内存）。ECU 的软件行为由算法和附属控制常量决定。当一个引擎被安装在汽车内，最优的控制部分的价值被适应，这使得 ECU 在不同的情况下良好运作，这个过程也被叫作校准。这是一个通过消耗时间和加强资源处理得到的围绕引擎和汽车平衡之间相互联系的参数。此外，对引擎工作台和底盘测功机的测试，在不同环境条件下的道路测试是十分必要的。这一交付周期通常为 13~18 个月，因为至少需要一个夏天和一个冬天的时间完成这些实验。所以当本土的汽车制造商尝试达到监管标准的时候，他们便找寻合适的 EMS 供应商。供应商不仅提供硬件的组装，同时也提供这种校准服务。

在中国，Delphi 公司是第一个提供硬件组装和校准服务的供应商。1993 年 Delphi 公司进入中国市场，但是 EMS 业务开展并不顺利，一直到 1999 年，在监管制度的推动下才有所起色。从 1999 年到 2002 年，Delphi 公司的销售业绩从 2000 万美元增长到 7 亿美元，几乎所有的本土汽车制造商都成了它的客户。

在 Delphi 公司的 EMS 部分，本土汽车制造商对此发生过变化，与前期相比，后期普遍给出一个基本的设计信息，诸如这个模型的等级和选项，引擎规格、喷射装置所需要的等级以及前期的车载诊断系统数据。至于 EMS，本土汽车制造商仍然缺乏提供细节规格的能力。他们在传动系和汽车之间的接口有该能力，但是这仍不是 EMS 方面的能力。

Delphi 公司是基于原始装备制造商（OEM）的要求来进行整体设计的。因为对于 EMSs 而言并没有细节规格，Delphi 公司选择现有的传感器、ECUs 以及驱动器大部分符合 OEM 的需求。在调整引擎外文来满足物理装置约束时，Delphi 公司将 EMS 改装为特定汽车的引擎。Delphi 公司的 ECU 排列是利用德尔福技术有限公司 16 字节或者 32 字节的微处理器来处理的。

软件的运算法是 ECU 最困难的部分，这在美国是基于长期掌握如何操作及其相关经验发展起来的。当应用到软件商时，Delphi 公司当地的工程开始逐渐构建撰写满足中国客户特定需求的能力。

综上所述，我们可以认为最难的硬件组成部分以及 EMS 基本的软件分层可以被控制，基本的引擎校准可以在一开始的测试台上被解决。这阶段奠定了这个链接阶段的基础，通过所有参数价格影响引擎响应以及适用的动态参数。

随后，引擎被匹配到动力系统上适用的轮胎以及轮胎为基础的校准工作。轮胎重量、传输格式以及齿轮速率、催化剂转换器信息等被综合考虑，并且信息收集在后期生效。驱动力测试在城市道路上被完成、下一阶段则是在极端天气条件下进行道路测试，Delphi 公司也提供此项服务。

在校准过程完成之后，Delphi 公司的 EMS 部分尝试通过轮胎本身链接到引擎，达到让人满意的程度，以便满足当地客户的需求。

这个案例研究展示了 Delphi 公司是如何在提供 EMS 组合以及校准服务中扮演的角色。不同于复杂的汽车制造商掌握了顶尖的系统整合技术，中国本土的汽车制造商很难提供细节部分的合成，并且依赖像 Delphi 公司这样的供应商来整合系统。这些结论显示，在中国的汽车制造产业中，若干有能力的供应商在整合能力上存在一些"倒置"的现象。供应商一般是没有必要去看整个汽车系统的，他们整合能力的发展通常被限制于组件的连接。所以倒置的整合是中国本土常见的现象。由供应商提供的倒置整合在达到高质量的产品完整性方面存在困难，但是

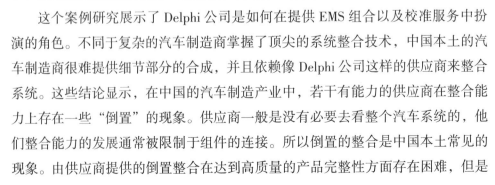

服务化、信息化和创新模型

大部分组件不是最新研发的，本土的汽车制造商依旧可以将成本控制在一个较低的水平。成本与性能之间的平衡使得本土制造商在他们的目标市场上更具有竞争力。

因此，在一个整车制造产业中，中国本土制造商不仅外包核心构建，同时将整合任务外包给合适的供应商。关键是，产品制造能力和技术能力并没有得到同步发展。然而，不同于中国消费电子产品的制造商，中国的汽车制造商通过他们EMS 供应商的交流来积累技术能力。举例来说，在这种交流过程中，EMS 供应商和本土汽车制造商的沟通是必要的，并且它给本土制造商一个理解设计规则、掌握生产分法的机会。甚者，在竞争压力下，EMS 供应商开始给当地制造商设计图纸的产权，它包含了重要的技术知识，以便当地制造商可以掌握一些核心技术。并且中国国内的创新政策将会提高本土汽车制造商在他们与国外公司交流过程中的地位。

第五节　结　论

本章主要结论详见图 3.1。

正如上文提到的，模型的变化发展推动了中国公司的生产产能和技术能力的提升。模块化是全球价值链的驱动力之一，并且这些变化模型的变化发展，会提升中国在模具和整合产业的产品产量，但是技术能力并没有在上述两个产业中实现同步发展。然而，产品产量和在不同的产业中，技术能力产生了一定程度的分歧：在模具产业中，分歧相当高，然而在整合产业中，分歧相对较低。换而言之，中国公司在整合产业中技术能力的积累高于在模具产业中所获得的。同样地，制造技能和关键组成知识的分歧程度在不同产业中有所差异：在模具产业中它相当高，中国公司的技术能力被技术连接性制约，但是，在一个整合产业中，中国公司已经在构造知识和一定程度上的关键合成知识有所进步。所以对于中国政策制定者而言，弥补生产能力和技术能力之间的差距，缩小构造知识和关键合成知识之间的差距，加速技术能力提升是一个问题。

		生产能力和技术 能力的分歧	
		高	低
构造知识和关键 合成知识的引渡	高	消费电子 产业	
	低		汽车产业

图 3.1　发展模型的变化及其能力建设的影响

注释

1. 作者对于中国社会科学基金（10zd&022）对本章部分内容的支持表示感谢。

2. Ohkawa 和 Kohama（1993）之所以没有定义发展模型中的变化，也许是因为 20 世纪 90 年代的发展变化速度并没有 21 世纪那么快。

3. Shin（2005a）对后期产业化的 Gerschenkron 模型进行了重新解释，并重新定义了东亚经济的经验，以作为补充和完善模型。据他描述，完善模型替换了 20 世纪 90 年代的补充模型。所谓的替代模型和补充模型对于后期发展模型和简化的发展模型的区别是显著的。然而，关于发展模型变化的内容在本篇论文中不是重点。

4. Kim 的三阶段模型在以上这些模型中最为有名。然而，他的模型同样也是叙述性的。

5. 压缩的发展理论假设的支持者强调全球价值链的角色。然而，产品结构的变化使得价值链在全球扩展。

6. 产品结构或者模式的变化不再是一个全新现象。这次的调整与 20 世纪 90 年代的调整的差异在于，前者将数字化信息整合在一起，加快了调整的速度和范围。

7. 连接技术的知识可以作为结构知识的一部分。然而，在电子消费产业中，连接技术在某种程度上是"公共物品"。

参考文献

Amsden, A. (1989) *Asia's Next Giant: South Korea and Late Industrialization*, New York: Oxford University Press.

Baldwin, C. and Clark, K. (2000) *Design Rules: The Power of Modularization*, Cambridge, MA: MIT Press.

Evans, P. (1995) *Embedded Autonomy: States and Industrial Transformation*, Princeton: Princeton University Press.

Fine, C. H. (1998) Clockspeed: *Winning Industry Control in the Age of Temporary Advantage*, Cambridge, MA: Perseus Books.

Fujimoto, Y. (1999) *The Evolution of a Manufacturing System at Toyota*, Oxford: Oxford University Press.

Fujimoto, Y. (2007) "Architecture-Based Comparative Advantage: A Design Information View of Manufacturing," *Evolutional and Institutional Economics Review*, 4 (1): 55–112.

Gerschenkron, A. (1962) *Economic Backwardness in Historical Perspective: A Book of Essays*, Cambridge, MA: Harvard University Press.

Hattori, T. (1999) "Economic Development and Technology Accumulation: Experience of South Korea," *Economic and Political Weekly*, 34 (22): 78–84.

Hattori, T. (2007) *East Asia's Economic Development and Japan*, Tokyo: Tokyo University Press, in Japanese.

Henderson, R. and Clark, K. (1990) "Architectural Innovation: The Reconfiguring of Existing Technologies and the Failure of Established Firms," *Administrative Science Quarterly*, 35 (1): 9–30.

Johnson, C. (1982) MITI and Japanese Miracle: *The Growth of Industrial Policy, 1925–1975*, Stanford: Stanford University Press.

Kim, L. S. (1997) *Imitation to Innovation: The Dynamics of Korea's Technological Learning*, Boston: Harvard Business School Press.

Kim, Y. G. (1988) *East Asia's Industrialization and Global Capitalism*, Tokyo: Toyo Keizai Shinnbunnshya, in Japanese.

Lall, S. (1992) "Technological Capabilities and Industrialization," *Word Development*, 20 (2): 165–186.

Lazonick, W. and Mass, W. (1995) "Indigenous Innovation and Industrialization: Foundations of Japanese Development and Advantage," The MIT Japan Program.

Ohkawa, K. and Kohama, H. (1993) *On Economic Development: Japan's Experiences and Developing Countries*, Tokyo: Toyou Keizai Shinnbunnshya, in Japanese.

Shin, J. S. (2005a) "Substituting and Complementing Models of Economic Development in East Asia," *Global Economic Review*, 34 (1): 99–118.

Shin, J. S. (2005b) "Globalization and Challenges to the Developmental State: A Comparison between South Korea and Singapore," *Global Economic Review*, 34 (4): 379–395.

Song, L. (2008) "The Origin and Typology of China's Modularization Trap," *Academic Monthly*, 2: 88–93 (in Chinese).

Song, L. (2011) "Development Mode and Capability Building in the Age of Modularization and Regional Integration: Origins of Structural Adjustments of Chinese economy," in R. Boyer, H. Uemura, and A. Isogai (eds.), *Diversity and Transformations of Asian Capitalisms*, London: Routledge, pp. 131–142.

Song, L. and Sun, X. D. (2012) "The Origin and Nature of China and Japan's Indigenous Innovations," *Modern Japanese Economy*, 30 (3): 1–6 (in Chinese).

Ulrich, K. (1995) "The Role of Product Architecture in the Manufacturing Firm," *Research Policy*, 24 (3): 419–440.

Wade, R. (1990) *Governing the Market: Economic Theory and the Role of Government in East Asian Industrialization*, Princeton: Princeton University Press.

Weiss, L. (1995) "Governed Interdependence: Rethinking the Government-Business Relationship in East Asia," *Pacific Review*, 8 (4): 589–616.

服务化、信息化和创新模型

Whittaker, D. H., Zhu, T. B., Sturgeon, T., Tsai, M. H., and Oldta, T. (2010) "Compressed Development," *Studies in Comparative International Development*, 45（4）: 439–467.

Shin-Horng Chen, Pam Pei-Chang Wen,
Pei-Ju Yu, Chih-Kai Yang

第一节 引 言

信息通信技术（ICT）产业被认为是中国台湾出口导向型工业化和集群化发展取得成功的重要一环。中国台湾已被广泛认为是ICT产业的主要参与者之一，其产品虽然不一定在中国台湾制造，但在ICT行业内，如主板、扫描仪、显示器、笔记本电脑、台式电脑、集成电路（IC）和液晶显示（LCD）面板等在全球市场份额中占有相当大比例。这是基于中国台湾ICT制造商知名的生产和设计能力，而这反过来又使得中国台湾成为帮助国际著名ICT品牌获得重要的国际ICT的原始设备制造（OEM）/原始设计制造（ODM）工作合同的主要原因，HTC公司、宏碁公司和华硕除外。由于价格竞争激烈，利润降低，中国台湾ICT行业产业升级的核心问题一直围绕着品牌与OEM/ODM制造的争议（Chen et al.，2006；Chu，2009）。然而，现实情况的变化为该行业的产业升级带来了一个新的问题，这可能与ICT行业的制造业服务化有很大关系。

制造业已经有了自己的形象，有形产品的生产和销售是其价值创造的主要来源（Wikipedia，2010）。然而，显而易见的是，制造业和服务业之间的界限变得越来越模糊，价值创造的来源甚至来自无形资产和服务，即使在制造业中也是如此，这就导致了制造业的服务化趋势（也称为工业服务或服务）。

事实上，产业现实的变化，特别是数字化服务对移动设备和云计算重要性的日益增加，促使一些（假设不是很多）中国台湾的 ICT 制造商，他们以提供货物和服务的"混合"形式（Vandermerwe and Rada，1988）或以"完全"提供服务的形式，开始从事制造服务业（Homburg and Garbe，1999；Kotler，2003；Makower，2001；Mathieu，2001）。因此，中国台湾的 ICT 产业越来越多地显示出与以往主要的与全球生产网络（GPNs）和全球创新网络（GINs）相关的形象不同的一些功能（例如，Ernst，2006；Chen，2004），有参与品牌与 OEM/ODM 制造（Chen et al.，2006；Chu，2009），以及模块化（与整体）生产架构的主要特征（Fujimoto，2006；Shibata，2008；Shibata et al.，2005）。

针对上述背景，本文将着力阐述企业层面在业务模式上的实质、特点和变化，开启中国台湾 ICT 制造业服务化创新的"黑匣子"。特别是在对中国台湾 ICT 制造业服务化进行一般性的讨论之后，我们将综合研究 HTC 和 Quanta 的案例，以便在商业模式方面进行进一步阐述。与此同时，我们从一个分析框架中提取了一些想法，这个分析框架被称为"十种创新类型"，由总部位于芝加哥的 Doblin 公司的主席 Lary Keeley（1999）提出。这在分析服务理念中的系统性创新方面特别有用（Tekes，2007）。"十种创新类型"包括"由内而外"和"由外而内"两方面，共分为十个特定的子元素。本文讨论的总体目标是运用崭新的视角，丰富目前对中国台湾 ICT 产业升级的认识。

本章的结构安排如下。第二节借鉴大量相关文献，突出了制造业服务化的创新性和关键成功因素（KSFs）。第三节简要介绍了中国台湾 ICT 行业，特别提到了关于产业升级重大问题的主流讨论。随后，本文进一步探讨了中国台湾 ICT 制造服务化转型的模式，并进行了两次详细的案例研究。第五节讨论了我们分析的结果，并在第六节中得出结论。

第二节　制造业服务化的本质和关键的成功因素

随着制造业服务化的趋势加剧，一些（假设不是很多）制造商已经显示出与之前定型观念不同的概况。因此，至少在某些制造业或部门领域，制造业的性质已经发生了变化。在本节中，我们借鉴了大量文献，突出了制造服务化的本质和关键成功因素（Chen et al., 2010），作为随后讨论中国台湾 ICT 产业升级发展的基础。

一、制造业服务化及其本质

Sandra Vandermerwe 和 Juan Rada（1988）是第一批探讨"制造业服务化"的作者之一。并且，即使在现在，它仍然是一个具有多种意义和不同标签色彩的术语。在文献中，"制造业服务化"可以被看作"服务"，"基于产品型服务"，"产品服务"，"产品服务体系"，"售后服务"，"产业服务"，"综合"解决方案等。

Vandermerwe 和 Rada 最初指出，制造业的服务化是公司在全球范围内，在越来越多的行业中创造差异化优势的一项新的竞争战略（Oliva and Kallenberg 2003；Vandermerwe and Rada，1988）。随后，这个想法获得了很多的追随者和人气。尤其是 Allen White、Mark Stoughton 和 Linda Feng（1999）认为，服务化符合"功能经济"的趋势，其经济目标是尽可能长时间地创造尽可能高的使用价值，同时消费尽可能少的物质资源和能源。服务作为这一目的的主要手段可以采用基于材料的（基于产品的）或非材料的形式。Tim Baines 和他的合著者（2009）强调，服务化是企业对一个组织的能力和流程的创新，从销售产品转向销售可以提供使用价值的综合产品和服务。最近，诸如"产品服务体系"（PSS）和"产品服务"这样的术语，通常从环境和可持续性的角度被讨论（Baines et al.，2009；Baines et al.，2007；Goedkoop et al.，1999 ；Mont 2002；Mont，2004）。一个众所周知的涉及"化学品管理服务"（CMS）的例子，是以福特与杜邦之间的合作关系为原型的（Reiskin et al.，2000）。综合来说，制造业的服务化是与制造商采用的各种新的商业模式和/或竞争战略相关联的，但他们具有一个共同点，即对于生产者和客户双方，服务都成为价值创造越来越重要的来源。

为了进一步了解制造业服务的本质，我们现在将研究制造业不断变化的一些方面，以及制造业的整体趋势。通过借鉴这一问题的大量文献，可以确定该方向的一些主要变化，具体如下。

（1）从聚焦产品到聚焦服务（Chase and Erikson，1989；Oliva and Kallenberg，2003；Quinn et al.，1990；Vandermerwe and Rada，1988）。自 20 世纪 80 年代末以来，越来越多的制造商通过利用无形服务创造了更高的附加值，超越了有形商品的价值创造。换句话说，制造商必须通过增加无形服务作为价值创造的主要来源来扩展产品的核心价值（Chase and Erikson，1989）。这通常涉及混合的"捆绑"，这些捆绑包括以消费者为重点的商品、服务、贵重物品支持和知识的组合（Vandermerwe and Rada，1988）。这样，制造业的性质和价值创造正在发生变化。这意味着产品/制造将成为业务的基础，这些服务构成了制造商提供和运营的基本要素（Chase and Erikson，1989）。根据 Rogelio Oliva 和 Robert Kallenberg，（2003）的建议，产品制造商将服务整合到其核心产品中，产生了服务和商品系统整合的趋势。

（2）"全供应"（Homburg and Garbe，1999；Kotler，2003；Makower，2001；Mathieu，2001）。在这方面，提供有形商品的制造商将自己定位为服务提供商，以满足客户的需求。所提供的产品类型可以分为不同的维度。例如，菲利普·科特勒（Philip Kotler，2003）定义了五种类型的"服务组合"，包括纯有形商品、带有伴随服务的有形商品、混合型、伴随商品和服务的主要服务以及纯粹的服务。Chistian Homburg 和 Bernd Garbe（1999）在采购时间表中指出了三种"工业服务"：购买前，在购买中和售后购买阶段。Valérie Mathieu（2001）将制造商的服务方式分为客户服务、产品服务和服务产品。

（3）沿着价值链的位置转变（Davies，2003，2004；Davies et al.，2006；Wise and Baumgartner，1999）。在某些情况下，制造商在价格链上的位置转移，可能需要将服务功能纳入其业务范围内。这种转型不仅涉及下游（Wise and Baumgartner，1999）或上游（Davies，2003），而且还服务于"整个产品生命周期"的不同阶段，从需求阶段（需求的形式化/规范，咨询服务）到生命周期阶

服务化、信息化和创新模型

段（处置危险材料，拆除服务）。结果，一些制造商通过移动下游或上游来参与提供综合解决方案（Davies，2003，2004；Davies et al.，2006）。

（4）升级客户亲密度（Baines et al.，2007；Cohen et al.，2000）。最近有学者关注到制造业转型的一个方面是通过制定新的商业模式，以提高客户间的亲密度。通过这种方式，制造商和客户之间的互动变得比以前更亲密，这会形成早期参与以及与客户的共同创造（Cohen et al.，2000）。特别是，Baines 等（2007）指出，与客户的早期沟通对有效满足客户需求的解决方案至关重要，特别是在企业对企业（B2B）的环境中。

（5）功能/使用的提供或出售（Baines et al.，2007；Reiskin et al.，2000；Toffel，2002；White et al.，1999）。根据这个方向，制造商提供了产品的功能/用途，而不是产品本身（Baines et al.，2007；Reishin et al.，2000；Toffel 2002；White et al.，1999）。因此，制造商附加值的来源是通过提供的功能/用途来创建和衡量的，在许多情况下，可能涉及租赁安排，以取代传统的手臂长度交易。一个典型的例子是通用电气（GE's）飞机发动机"按时间工作"的服务模式。Michael Toffel（2002）还讨论了一些关于"销售使用"而不是"销售产品"的案例，包括消费者购买地板服务而不是地毯、服务器容量而不是电脑以及气候控制服务而不是加热器和空调。这可能涉及客户部分某些活动和/或功能的外包。

总而言之，表 4.1 总结了制造业的五大变化方向。总的来说，向制造业服务化转型的核心不在于制造商生产，而是如何制造它所提供的服务，以及如何为终端市场服务。

表 4.1　对制造业方向变化和趋势的回顾

改变方向	关键	作者
从产品集中到以服务为重点	制造商通过利用无形服务创造更高的附加值	Vandermerwe and Rada，1988；Chase and Erikson，1989；Quinn et al.，1990；Oliva and Kallenberg 2003
总提供	根据有形商品的提供，制造商本身就成为服务提供商，以满足客户的需求	Homburg and Garbe，1999；Makower 2001；Mathieu，2001；Kotler，2003
沿着价值链的位置转移	制造商向下游和上游移动，以提供更多的服务，并服务整个产品生命周期的不同阶段	Wise and Baumgartner，1999；Davies 2003；Davies，2004；Davies et al.，2006

改变方向	关键	作者
客户关系不断升级	制造商和客户之间的互动变得比以前更亲密，导致早期参与和与客户共同创造	Cohen et al.，2000；Baines et al.，2007
功能/用法	制造提供了产品的功能/用法，而不是产品本身	White et al.，1999；Reiskin et al.，2000；Toffel，2002；Baines et al.，2007

资料来源：Chen et al.，2010。

二、制造业服务化的关键成功因素

基于上述讨论，我们现在将进一步强调制造业服务化的关键成功因素。就本文而言，至少可以确定五个有关商业模式的关键成功因素：即新价值主张，新核心竞争力/平台，新组织和内外部流程，新的定价和收入模式，以及重新界定所涉商品的所有权。这些将在下面部分被讨论。

制造业的服务化往往涉及偏离交易和提供有形货物，因此需要一个新的价值主张。基本上人们普遍认为，内容和服务已经成为移动设备制造商和越来越多其他 ICT 终端产品（例如笔记本电脑和智能电视服务的云服务）价值主张的重要组成部分。此外，特别是在 B2B 的环境中所需的价值主张，必须从客户的亲密度和与客户的互动中获得创造差异化优势并创造提供和交付的新价值。这个过程通常需要与目标客户的共同创建，而不仅仅是基于单方面商誉的基础。特别是在 B2B 的背景下，将某些类型的制造业服务化可能到涉及客户对某些活动和/或功能的外包。例如，由于其 ODM 合作伙伴在组件技术方面的优势，IBM 在 PC 业务剥离之前，曾经向 OEM/ODM 制造商外包其个人电脑的售后服务。但 IBM 从未对其服务器和大型计算机进行这样的操作，因为与 PC 相比，这些维修和维护服务更多的与架构和软件相关，而不是与组件技术相关，前者是 IBM 核心竞争力的一部分。换句话说，能力和核心竞争力之间的组织关系可以影响组织边界，从而影响企业向制造业服务化转变的商业模式。

（一）新核心竞争力/平台

制造业服务化是差异化竞争的战略之一，它以独特的核心竞争力为基础，提供扩展服务，在整个产品生命周期中为客户提供服务，涉及使用阶段和其后期。例如，在个别时期使用 iPhone 和 iPad 的单独版本，苹果仍然可以超越其竞争对手，如三星和 HTC，它们倾向于生产更多种类的相似设备。这可能与苹果专有平台、iTunes 和 App Store 以及提供的服务/内容有关，这有助于企业即使在产品使用阶段也能够结束终端客户关系。尽管三星和 HTC 智能手机用户都可以使用通用的 Android 平台和生态系统，但这两家公司仍然必须区分自己的功能和功能创新，主要是指硬件方面的。

值得注意的是，许多这种情况涉及复杂的产品系统（CoPS），它们由高价值、工程和软件密集型产品、系统、网络和结构组成。一方面，它们通常被某种项目组织形式运营的公司网络进行一次性或小批量生产，并且从计划到生命的寿命都很长（Hobaday 1998；Miller et al.，1995）。根据其性质，CoPS 提供的功能涉及定价设计、项目管理、系统工程和系统集成。另一方面，它们需要新的平台来满足客户需求，并在不同阶段提供服务，特别是在整个产品生命周期的使用阶段之后。在 ICT 部门迁移到云计算和物联网方面，CoPS 可能日益成为该行业制造商重要的相关概念和运营模式。

（二）新组织和内外部流程

一方面，制造业服务化通过制定新的商业模式导致客户的亲密度不断升高。另一方面，制造业的服务化可能涉及客户对某些活动和/或功能的外包。因此，生产者的组织安排以及参与方之间的内部和外部流程必须符合所界定的新价值主张，其中通常涉及 ICT 的应用。通用电气的"按时间工作"商业模式和福特与杜邦在 CMS 的实践都体现了这些观点（Reiskin et al.，2000）。此外，戴维斯等（2006）认为，在某些情况下，即使在焦点公司中，也需要一个新的三方组织构架，这包括面向前端的客户结构，后端能力提供者和强大的战略中心。最重要的是，我们倾向于认为，涉及服务模式的创新，特别是系统服务的创新，需要更多地处理相关企业的外部条件，而不是传统的制造创新。

（三）新的定价和盈利模式

与客户关系的改变通常会导致新的定价和收入模式；比如，与其他利益相关者进行收入分享和支付使用费用的模式，而不是采用有关商品价格的一部分的方式。GE 提供了一个典型的例子。它的"按时间工作"模式是一种将喷气发动机租给飞机的方式，只能为其正常运行的时间付费；简而言之，GE 销售的是一种特定类型的"有保证的推力"。在另一个例子中，杜邦（提供商）和福特（客户）

共同创建了一个"每单位成本"的新模式，其中杜邦根据绘制的汽车数量而不是销售的油漆数量支付。因此，CMS 提供了一种制造工具，可同时减少两者的化学品吞吐量和化学成本（Reiskin et al., 2000）。为了动员第三方甚至外聘人员为 iTunes 和 App Store 平台生成内容，苹果还制订了收入分享计划。

（四）重新定义所涉商品的所有权

产品服务处理的是产品的功能/用途，而不是产品本身，"销售使用"而不是"销售产品"成为交易的性质（Toffel, 2002）。因此，所需货物的所有权需要根据经修订的商业模式进行重新定义。在 GE 飞机发动机租赁的情况下，GE 为客户提供某种类型的功能，并且仍然拥有产品，而客户则购买进入该产品的权利。在部署云计算方面，一些品牌公司确实正在改变其角色，从销售服务和/或数据中心解决方案到通过自己的平台提供云服务。这些变化往往意味着所涉企业的成本和收入结构发生了重大变化。

简而言之，制造商对制造业服务化的追求可以被解释为企业内部和企业间的"企业创新体系"（EIS）。这些创新与传统的制造研发和创新有很大的不同。与传统制造的研发项目不同的是，公司或其内部的单位可以单方面发起制造研发项目，制造业的服务化往往涉及企业层面的战略调整、企业内部和企业间组织的重组、制度关系、能力建设以及新的定价和收入模式等问题。

第三节　中国台湾 ICT 行业概况

中国台湾的 ICT 部门高度专注于制造业的 GDP、出口和更重要的研发支出活动。中国台湾的制造业研发活动高度集中在 ICT 行业，占 2008 年整体制造业的 77%。此外，由于大量 ICT 终端产品和中间产品在海外生产，现在中国台湾的国内生产和出口集中在高分子中间产品，如集成电路（ICs）和液晶显示（LCD）面板。因此，从国内观点来看，中国台湾 ICT 行业在国民生产总值中所起的作用已经从最终产品的主要生产国和出口商转移到重要零部件（中间产品）的生产商。这个发展不能简单地被归结为一个论据，即中国台湾的 ICT 终端产品生产商已经

服务化、信息化和创新模型

失去了国际竞争对手的优势，而应该在国内生产总值的背景下进行解释。

随着国内生产总值的形成趋势，以及最近的 GIN，主要品牌营销商采用外包和订单生产，使其全球供应链大大合理化，从而改变了与中国台湾同行的合同关系。因此，中国台湾的 ICT 企业通过形成快速响应的全球生产和物流网络，参与跨境供应链管理、物流运营和售后服务。此外，中国大陆已成为中国台湾个人电脑和笔记本电脑公司最为重要的生产基地，这加剧了中国大陆在 ICT 产品装配、制造和出口方面日益增长的重要性。还有迹象表明中国大陆在研发方面发挥越来越大的作用。然而，对于大多数 ICT 公司，特别是 IC 和 LCD 制造商，其研发基地仍然主要位于中国台湾地区。这与 IC 设计业一起使中国台湾地区成为全球 ICT 生产网络的创新中心。

事实上，一些中国台湾的 ICT 生产商是苹果利用智能手机（iPhone）和平板电脑（iPad）进行强大反击的重要元素（见图 4.1）。他们与苹果的密切合作，基于其快速响应的商业化能力和全球物流网络，作为供应链中的综合服务提供商。在苹果完成系统设计之后，中国台湾的 ICT 制造商在铸造、设计、模具、大批量生产和物流方面接管了其他大部分工作。与此同时，它们在市场上的反应时间少

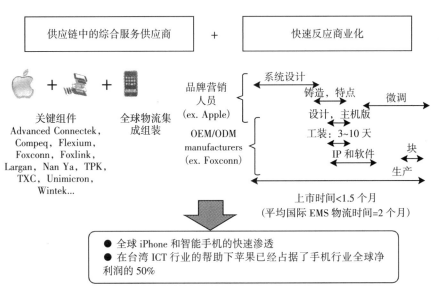

图 4.1　台湾 ICT 企业在苹果智能手机中的作用（Shih，Y. –S.（2011）知识经济与展望之旅，此图为台湾经济部部长在由香港科技大学、香港工程科学院和香港科学研究所举办的"科学技术：香港未来创新"论坛上的展示

于国际竞争对手的电子制造服务公司。在中国台湾ICT行业的大力支持下，苹果公司在手机行业享有全球净利润的50%以上。在某种意义上，中国台湾是全球iPhone和智能手机迅速普及背后隐藏的推手。2007年，肯·巴尔森在《纽约时报》的一个声明中，生动地说明了这一点："刻在每个iPhone背后的是'由加利福尼亚州的苹果设计的，在中国组装'。苹果也许已经加入了'中国台湾制造'。"Belson（2007）更准确地说，"中国台湾设计"。这样的声明也同样适用于惠普和戴尔生产的笔记本电脑和服务器，以及Vizio的液晶电视。换句话说，中国台湾的ICT行业与亚洲其他地区一起，可以成为美国企业创造国外市场的有力支撑。

中国台湾在美国的专利持有方面一直非常活跃，继美国、日本和德国之后，连续8年（1999~2006年）排名第四。中国台湾在2007年被韩国取代，但仍然是世界第五大美国专利的持有人。此外，与ICT有关的领域一直是中国台湾在美国申请专利的首要部分（见表4.2）。例如，2008年，中国台湾在美国申请专利的三大主要领域是有效的国有部件、半导体制造设备和连接器。所有这些都意味着中国台湾的ICT行业已经从使用外国技术转向本土创新。

表4.2　中国台湾在美国的专利申请世界排名

所有专利			实用专利			设计专利			每百万居民的实用		
排名	国家	专利数	排名	国家	专利数	排名	国家	专利数	排名	国家	专利数
1	美国	121300	1	美国	107913	1	美国	12610	1	中国台湾	353
2	日本	47084	2	日本	44917	2	日本	1913	2	日本	352
3	德国	13644	3	德国	12373	3	中国台湾	1348	3	美国	348
4	韩国	12527	4	韩国	11690	4	德国	1071	4	以色列	245
5	中国台湾	9640	5	中国台湾	8243	5	韩国	769	5	韩国	239
9	中国	3315	9	中国	2664	7	中国	650	—	中国	199

资料来源：Shih, 2011。

具有讽刺意味的是，即使拥有如此多的美国专利，中国台湾在技术贸易一方一直面临着巨大的赤字；一种被称为"创新悖论"的现象，可能归因于中国台湾创新体系的一些特征（Chen, 2007）。简而言之，一方面，中国台湾的ICT企业一般是纵向分布的，并且深入参与了品牌营销人员的OEM/ODM合同；因此，个别公司专注于特定的产业和技术部门，这会导致研发工作集中在与特定技术轨迹

服务化、信息化和创新模型

相关的增量技术变革上，导致专利的迅速扩散。另一方面，中国台湾的 ICT 公司也从这个角度，倾向于追随由领先的品牌营销人员和/或行业标准制定者创造的架构设计而引领的技术创新。因此，他们的生产量在国内和国外扩大得越多，他们对品牌营销人员和/或行业标准制定者支付的版税也越多。

此外，中国台湾的 ICT 制造商在过去十年中也涉及了越来越多的知识产权纠纷，如表 4.3 所示。以前，这种国际知识产权纠纷诉讼主要涉及 IC，动态随机存取存储器（DRAM）和 LCD 等元件技术，但由于中国台湾几个品牌的崛起，近期已经扩展到终端产品领域。更重要的是，曾经全球领先的企业和/或非执业实体（NPE）将中国台湾同胞带到法庭进行知识产权之争，但现在一些中国台湾的企业却能够实施反击。

表 4.3　台湾 ICT 企业关于知识产权制的诉讼（2000~2008）

ICT 类型	LED		IC (不含 DRAM)		DRAM		LCD		通信和网络		PC	
	案件数	被起诉公司数	案件数	被起诉公司数	案件数	被起诉公司数	案件数	被起诉公司数	案件数	被起诉公司数	案件数	被起诉公司数
外国公司对台湾公司	13	27	25	39	27	68	>70	>200	7	13	157	13
台湾公司对外国公司	0	0	15	9	5	8	13	15	1	1	21	6
台湾公司对台湾公司	5	5	22	23	7	8	N/A	N/A	5	5	N/A	N/A
总计	18	32	62	71	39	84			13	19	178	19

注：1. LED = 及光二极管　IC = 集成电路　DRAM = 动态随机存取存储器　LCD = 液晶显示器　PC = 个人电脑。

资料来源：技术转移中心（TTC），工业技术研究所（ITRI），台湾新竹，改编自 2011 年台湾工业技术白皮书。

图 4.2 显示了中国台湾 ICT 生产核心的说明性特征，主要有三个维度：（产品）架构（模块化与集成）的特征；整合度（系统与组件）；服务的性质（服务/软件，包括内容与硬件）。值得注意的是模块化与整体产品架构这一方面。"产品架构"是指定义了功能元件的产品设置，从功能元件到物理元件的映射以及间隔

物理元件之间的接口规范的方案。根据一些作者的观点，产品架构可以分为模块化（开放）和整体（封闭式）两类（Fujimoto，2006；Ulrich，1995），这可以作为战略操纵的一个因素（Shibata，et al. 2005；Shibata，2008）。

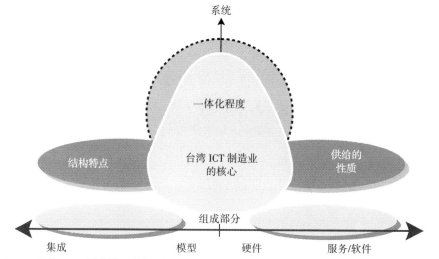

图 4.2　台湾 IOF 制造核心特征（Hwang，J. –C 2012）"台湾工业创造：产品架构视角"

简而言之，中国台湾 ICT 制造的核心主要是硬件和系统/子系统，同时具有强大的模块化和开放式架构。人们普遍认为，中国台湾生产的 ICT 产品，即使是内部零部件，也受到模块化和开放式产品架构的熏陶（Fujimoto，2006）。在网络效应和产品兼容性的基础上，ICT 产品的成功创新通常需要具有不同知识和技能基础的多个角色之间的密集接口。大多数中国台湾 OEM/ODM 分包商能够掌握系统/子系统，部分原因是其积累的创新能力和品牌营销人员不仅向分包商提供农业，还包括设计、开发甚至物流服务（Chu，2009；Chen，2004）。从某种意义上讲，中国台湾的 OEM/ODM 分包商已经不仅仅是纯粹的制造商。事实上，中国台湾的 ICT OEM/ODM 公司目前与品牌合作伙伴（包括中国台湾地区的合作伙伴）签订了合同协议，要求他们形成一个快速响应的全球生产和物流网络，通过参与跨境供应链管理，物流运营和售后服务，提升 GPN 的地位。然而，这些服务主要是为了履行品牌营销人员的秩序，目前还远没有给终端客户带来引人注目的体验。

在中国台湾一些品牌的 ICT 生产商中，HTC 是独一无二的。通过与微软、英

服务化、信息化和创新模型

特尔、德州仪器、高通以及先进国家和地区领先的移动运营商合作，包括 Or-ange，O2，T-Mobile，Vodafone，Cingular，Verizon，Sprint 和 NTT DOCOMO，HTC 成为智能手机市场的先驱。2006 年，HTC 开始推广自主品牌。为此，HTC不仅保持内部制造能力，还将其创新文化和能力从高效地由"设计到订单"转为基于共同合作的前沿技术、创造、软件智能和服务而进行的价值创造。除了与领先的西方移动运营商的合作关系外，HTC 打算最终成为除苹果、诺基亚和三星之外另一个家喻户晓的名字。

中国台湾正在讨论，关于品牌与 ODM 在产业升级方面的问题。对于 ICT 行业来说，Chu（2009）提出了一个问题："中国台湾的第二个行动者可以通过品牌（以自然的方式）升级吗？"最后，她得出以下结论：

（ODM）企业组织能力的演变导致了进一步发展的路径依赖。随着第二行动者作为分包商建立组织能力，这些能力成为影响企业进一步扩张的战略选择的指导和限制因素。

Chu，2009：1064

同样，Chen 等（2006）强调了中国台湾 ICT 公司打算从 OEM/ODM 转向自主品牌制造（OBM）所面临的"能力差距"，因为"捆绑"涉及重组过程，需要全面的变化，这包括目标设定、新产品和服务开发，以及大规模的文化变革和组织结构调整。

尽管发展品牌或者 ODM 在中国台湾 ICT 行业知识型发展的讨论中仍然是一个重要的课题，但随着现实情况的变化，制造业的服务化成为越来越受欢迎和重要的新兴问题。一方面，苹果通过 iPhone 和 iPad 的复苏突出了数字服务和客户体验的重要性，甚至对不同 ICT 终端产品的品牌营销人员也是如此。另一方面，新的方向和 ICT 行业向云计算和物联网的迁移促使中国台湾的一些 ICT 企业以前所未有的方式确保了未来的前景。

第四节　中国台湾 ICT 制造商向服务化转型的模式

在上一节的讨论之后，我们认为，要分析一些中国台湾 ICT 制造商服务化转型的模式。经过一般性的讨论，本节将对 HTC 和 Quanta 的具体情况做进一步阐述。

为进行一般性的讨论，我们将中国台湾的 ICT 制造商分为两类：品牌公司和 ODM 制造商。图 4.3 描绘了品牌企业向制造业服务化过渡转变的一般模式。从目前的状况来看，个人电脑和笔记本电脑领域的宏碁和华硕等品牌公司往往依靠 OEM/ODM 分包商来制造最终产品，而 HTC 对其产品架构、智能手机的系统设计和制造的控制程度相对较高。这与 HTC 的 ODM 出身有关，更重要的是与针对不同电信运营商和细分市场定制手机的策略相关。

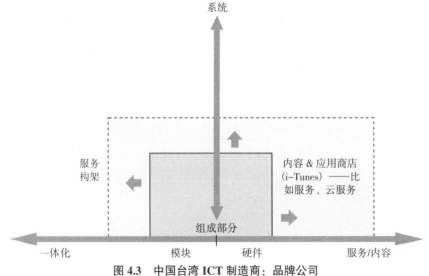

图 4.3　中国台湾 ICT 制造商：品牌公司

尽管如此，所有这些公司都有扩大其在服务和内容方面战略控制的普遍趋势。特别是，即使 HTC 和华硕可能不愿意完全遵循苹果的模式来拥有一个专有平台（例如中央应用商店），它们仍然需要以某种方式从事服务（例如与第三方

软件开发人员连接）。除了利用 Android 开放平台外，HTC 还向最终客户提供
HTC 专用软件和应用（HTC 创新软件和 HTC Watch，其视频流服务）。以 HTC 首
席执行官彼得周先生的话来说，"该公司的目标是将产品策略从硬件创新转变为
硬件、软件和体验的整体创新"（Chou，2009：10）。同样，华硕通过 @vibe 为移
动设备终端用户提供服务，这是一个将来会成为云服务的在线多媒体平台。

　　在服务和差异化的竞争中，以及国际知识产权纠纷方面，这些中国台湾品牌
的企业也不得不控制产品架构和系统设计。为了反击来自苹果 iPad 的竞争压力，
华硕已经提出了 Eee Pad Transformer 的交叉解决方案，该解决方案是带有可选键
盘坞站的平板电脑，可以实现个人计算和移动娱乐功能。这部分来源于华硕的系
统集成功能，更重要的是，华硕的创新思维从工程设计到"设计思维"的巨大变
化，使消费者的需求超过产品规格。HTC 在智能手机上的定制策略是基于自己添
加的接口（Sense），然后连接到几个不同的平台。最重要的是，为了通过内容和
定制服务在拥挤的市场中赢得客户，它们必须深入开发和微调服务架构。总而言
之，这些中国台湾品牌的企业在向服务化转型时，已经超越了处理硬件模块化产
品架构创新的传统道路。

　　尽管与价值链中的品牌公司有所差异，但中国台湾 ICT ODM 制造商也正在
改变其战略范围，这与其品牌经销商所进行的创新战略相似（见图 4.4）。目前，
它们正在朝着云计算和物联网的方向发展，这往往涉及硬件和软件甚至是服务的

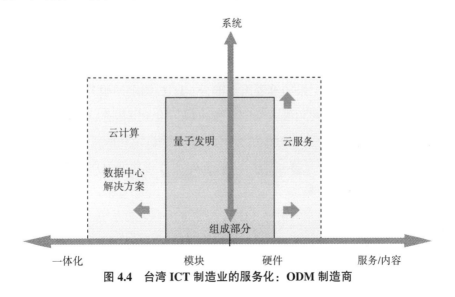

图 4.4　台湾 ICT 制造业的服务化：ODM 制造商

大量系统集成。他们中的一些可能会将自己定位为云计算数据中心解决方案的提供商，而不是独立服务器的生产者。在这样做的过程中，他们的创新必须从模块化产品架构转变为整体产品架构。由于同样的原因，Google 正在中国台湾的中部建立数据中心，使公司能够利用当地在供应链上的优势，方便进入中国市场。还有一些人选择通过"平台即服务"或"基础架构即服务"模式来提供云计算服务。

一个更重要的问题是，在本文的背景下，就有关创新的各个方面，考虑这些转型对于中国台湾企业的意义。要详细说明这个问题，我们将介绍 HTC 和 Quanta 的案例。

一、HTC

HTC 虽然成立于 1997 年，但它一直被认为是全球手机行业的强势竞争对手。根据与微软和康柏（合并到 Hewlett-Packard）在个人数字助理中的合作伙伴关系，HTC 为几家国际电信运营商提供定制智能手机的服务，并于 2006 年开始品牌推广。由于部分原因，HTC 根据不同的运营商和细分市场的定制策略，以其"先天性"创新而闻名（Chou，2009）。特别是 HTC 是第一款由谷歌开发的 Android 支持的智能手机。在这一过程中，公司开发了一个新的界面（Sense）以添加在 Google 的 Android 操作系统上，来增强用户体验。

HTC 最近将它们的口号更改为"静静地辉煌"。这个营销活动是一项产品策略从硬件创新到硬件、软件和经验整体创新的战略举措。该公司曾经根据其在硬件和嵌入式软件方面的能力，致力于技术和品种方面的卓越表现，但目前内容和服务被认为是 HTC 总体主张的重要组成部分。HTC 特定的服务可以基于位置的服务（HTC 位置）、流式视频服务（HTC Watch）、电子书服务（HTC Read）等形式提供给它们的手机用户。通过提供专门为 HTC 手机设计的云（HTCSense.com）服务，HTC 正在向云计算迁移。HTC Sense.com 服务将允许 HTC 手机的用户通过 Web 界面来管理和备份手机。

为了加强新的能力和竞争优势，HTC 与数字内容生态系统中的一些利益相关者建立了战略联盟。例如，通过 2011 年的外部投资，HTC 与 OnLive 公司建立了合作关系，OnLive 公司是即时播放视频游戏的先驱。利用 OnLive 基于云的游戏

服务化、信息化和创新模型

体验，HTC 旨在打开手机游戏的新前沿。此外，HTC 已经收购了位于伦敦的数字多媒体传输全球领导者 Saffron Digital。经过此次合作，Saffron Digital 前任首席执行官 Shashi Fernando 被任命为 HTC 首席内容官，直接向 HTC 首席执行官 Peter Chou 汇报。所有这些举动都意味着 HTC 希望将其从硬件制造商转变为增值内容提供商，为 HTC 的终端客户提供内容传输和客户体验导向的服务。

此外，HTC 已经扩张至中国市场，越来越多地涉及行业标准。通过与中国移动合作，HTC 将推出支持中国移动 TD-SCDMA（时分同步码分多址）标准的智能手机，甚至与中国运营商合作推广 TD-LTE（时分长期进化，4G 标准）。对于 HTC 来说，所有这些努力都是为了抵御手机行业的利润空间缩水和中国对手的成本优势而涌现的战略尝试，从而建立新的核心能力和竞争优势。

二、Quanta

凭借其成熟的 ODM 和快速响应的供应链管理能力，与中国台湾的许多 ODM 分包商一样，Quanta 电脑成为世界领先和专业的笔记本电脑生产商长达十多年之久。为此，Quanta 在亚洲、美洲和欧洲建立了广泛的运营中心，通过共同制造和配送产品，同步供应链，提供物流支持，以成本竞争力和对市场快速反应的方式提供产品和服务，为它们的品牌客户服务。然而，Quanta 寻求多元化的发展，研究了一个新的有关云计算、连接和客户端设备的"3C 路线图"。特别的是，由于 ODM 业务的利润率下滑以及笔记本电脑的竞争压力，Quanta 正加快多元化的步伐来发展云计算，并将其视为未来发展和服务的重要来源，而服务则是价值创造的主要来源。这一举措的目的是将 Quanta 从笔记本电脑制造商转变为云计算解决方案提供商。

在迁移到云计算领域的过程中，Quanta 开创了新的 ODM 业务模式，使相对复杂的数据中心用户（如 Google、Facebook 和电信运营商）绕过品牌供应商（惠普、戴尔和思科），直接从 ODM 制造商手中购买大量所需的解决方案。由于这些客户往往拥有自己的服务和软件架构，Quanta 可以专注于提供量身定制的硬件系统解决方案，以满足客户的特定需求，但这需要相当程度的系统配置和集成化。它与 Facebook 合作的"开放计算项目"是朝这个方向迈出的一步。实际上，Quanta 董事长巴里·林坚持认为，软件、系统和服务已经成为 Quanta 云计算的核心价值观。

为了支持这种新的商业模式，Quanta 制定了一种创新型的整体解决方案，称为"系统解决方案设计和制造移动"（SSDMM）战略，重点是提供系统和企业的整体解决方案，而不是单个产品，如笔记本电脑和独立服务器的传统 ODM 业务。这种 SSDMM 模型可以分为三个部分：系统解决方案、设计和制造、移动三部分。与解决方案整体相结合，"设计和制造"阶段意味着超越了 Quanta 的"设计订单"和"体积设计"的传统 ODM 方法（Chen et al.，2006）。"移动"阶段通过集中控制分布式流程实现综合物流和供应链管理。

简而言之，从整个产品生命周期的要求阶段来看，定制的整个系统解决方案和创造价值是这一新模式的关键，这要求上下游产品系统集成。因此，Quanta 正在从一个笔记本电脑制造商转型为全面的综合解决方案的提供者，称为"集成服务"。Quanta 打算最终进一步推进"创新服务"，旨在通过服务创造价值和利润。Quanta 的巴里·林强调，公司打算"超越传统的垂直分布或规模经济模式，追求'我第一，只有我'的目标"。

为了确保公司迁移到云计算的长期前景，其在中国台湾的全球研发总部 Quanta 研究所（QRI）已经在数个尖端的研究领域，包括高性能计算算法、大品牌宽带移动通信以及直观的人机接口等，与全球领先的机构合作。通过与麻州理工学院（MIT）、中国台湾大学、阿卡迪亚计算中心等机构合作，QRI 试图触及国内外最先进的技术来源。特别是，QRI 与 MIT 计算机科学与人工智能实验室的工作人员合作开发的下一代计算和通信平台。2009 年，Quanta 还与加利福尼亚大学伯克利分校联合开展医疗技术和云计算。为了形成云计算的全面解决方案，Quanta 还收购了 Tilera，用于后者的多核中央处理单元（CPU）产品功能。

三、转型及其对现有商业模式的影响

在介绍了这些案例后，我们现在将考虑转型对两家公司的业务模式的影响。我们将借助芝加哥 Doblin 公司总裁 Larry Keeley（1999）所阐述的"十种创新类型"的分析框架来讨论这一点，这在服务概念中对分析系统创新特别有用（Tekes，2007）。"十大创新类型"包括"由内向外"和"由外向内"两个方面，可以进一步细分为十个特定的子元素（见表 4.4）（Keeley，1999）。

图 4.5 使用"十大创新类型"框架，强调了 HTC 转型中商业模式的变化。在

表 4.4　"十种创新类别"模型元素

由内而外	过程	创新步骤	公司如何组织实现创新
		核心步骤	专有流程核心价值
	供应	产品/服务	基本特点、表现和功能
		服务系统	与供给相关的扩展系统
		客户服务	如何提供顾客需求的服务
由外而内	交货	渠道	如何连接客户与所损失的服务
		品牌	如何体现服务能为客户带来的好处
		客户体验	如何为客户创造一个全面的体验
	金融	商业模式	企业如何挣钱
		价值网络	企业结构和价值链

资料来源：改编于"十种创新类别"（Keeley，1999）。

转型之前，由于针对不同运营商和细分市场的定制策略，HTC 倾向于在产品/服务性能方面提供多样化的客户体验，并在产品系统方面以自己的接口支持多平台智能手机。然而，随着数字服务和内容的日益增加，HTC 已经转而为其客户/最终用户提供全面的服务，从而加强了自己的接口和平台。同样，HTC 曾经倾向于依靠客户体验主导的设计（主要是硬件和功能）和嵌入式软件加上硬件，为不同的细分市场提供先进的创新和各种产品。目前，更多的努力是针对客户体验服务（HTC SenSe 云）的扩散和改进，并为服务开发建立联系。这促使 HTC 改变其创新战略，从硬件创新到硬件、软件和体验整体创新，以便向 HTC 终端客户提供连接和客户体验主导的服务。该公司现在也需要与第三方建立联盟，这可能涉及收入分享，这是其创新框架"财务"要素的一部分。

随着 Quanta 向云计算的迁移，其业务模式的变化也是可见的（见图 4.6）。作为笔记本电脑的 ODM 分包商，与中国台湾其他同行一样，Quanta 提供的是模块化设计和制造，快速响应的供应链管理和物流，以及时上市的方式为品牌客户服务。为了支持这些优惠，它们从设计到订单流程和供应链同步方面表现出强大的功能。然而，在寻求云计算多元化的同时，Quanta 致力于成为一个定制化的整体解决方案提供商，这涉及上游和下游业务的系统集成。因此，新的 SSDMM 模

HTC 的现状

过程		供应			传输			金融	
启用过程	核心过程	产品/服务表现	产品系统	客户服务	渠道	品牌	客户体验	商业模式	价值网络
客户体验导向的设计	嵌入式软件加硬件	客户体验的多样式	具有自己界面的多平台智能手机	物流	与电信运营商联盟	创新的首要条件	为不同的细节定制	卓越的技术种种类	n. a.

HTC 的转型（云服务）

过程		供应			传输			金融	
启用过程	核心过程	产品/服务表现	产品系统	客户服务	渠道	品牌	客户体验	商业模式	价值网络
扩充和改善服务与客户体现	服务发展的联系	为 HTC 客户提供的服务	强化自体界面和平台	物流	与电信运营商联盟	硬件、软件和体验整体创新	云服务和开放平台	为 HTC 客户提供连接服务	与第三方的服务联盟，收益分享

图 4.5　通过"十大创新"框架表达 HTC 的转型（改编自：Keeley，1999）

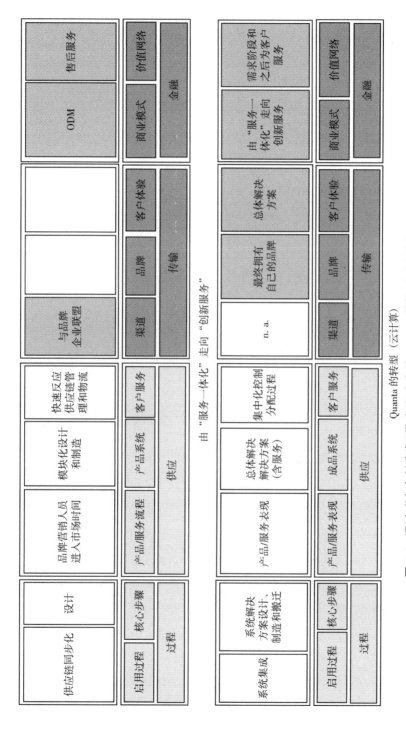

图 4.6 通过"十大创造类别"框架来表达 Quanta 的转型（改编自：Keeley，1999）

型和系统集成已成为 Quanta 业务流程的核心要素。就整体框架的"财务"要素而言，Quanta 可以代表笔记本电脑中的品牌供应商提供售后服务，为客户提供需求阶段和之后阶段的服务，这已经成为其价值网络的一个新的部分。此外，综上所述，Quanta 正在将自己从笔记本电脑的制造商转变为顾客提供一套全面的综合解决方案提供商，这些解决方案被称为"集成服务"，并且最终转向提供"创新服务"。

第五节　讨　论

中国台湾的 ICT 公司在增长阶段已经进入特定的产品市场，成为"快速追随者"，其成功关键的因素可归结为对中国台湾的低成本生产优势和对市场和技术变化快速反应的结合。然而，现在将中国台湾在 ICT 行业的成功仅归于可以反映产业升级和迁移的持续进程的制造业力量，就太过于简单了。在当代关于 ICT 产业升级的学术讨论中，GNP 和 GIN 的作用（例如 Ernst，2006；Chen，2004），品牌与 OEM/ODM 制造的争论（Chen et al.，2006；Chu，2009）以及模块化（与整体）生产架构的主要特征（Fujimoto，2006；Shibata，2008；Shibata et al.，2005）都引起了诸多的关注。然而，如上所述，中国台湾 ICT 制造业服务化的新兴产业升级路线的出现，可能对现有的讨论提供了新的视角。

一些领先的公司，如 IBM、GE 和苹果公司确实已经开创了不同的制造业服务模式，并取得了成功。事实上，制造业服务转型比传统的产品和流程创新复杂得多，这涉及公司内部和企业之间的系统创新。事实上，IBM 花了十年时间将其重组为服务公司。实质上，制造业的服务化可能涉及企业层面的战略调整，企业内部和企业间的组织重组以及制度关系，能力建设以及新的定价和收入模式等方面的问题，这些问题远超过大多数由公司或其内部的某单位可单方面发起的传统制造研发项目。公平地说，没有高层管理人员的坚定支持，各级适当的制度创新，心态和企业文化的变化，制造商不可能沿着制造业服务化的方向开始创新。

对于大多数制造商来说，制造业服务化的发展大大偏离了交易和仅提供有

服务化、信息化和创新模型

形产品。他们可能会陷入一个充满不确定性的不熟悉的领域（Brax，2005），更不用说在能力、机构、网络甚至创新治理方面需要填补的巨大差距。甚至还需要对亟待解决的问题是什么，在哪里以及如何改变它们等方面有清晰的认识和使命感。

中国台湾品牌企业和 ODM 分包商都进行了这样的转型。从表面上看，在模块化和开放式架构的框架下，它要超越在处理硬件和系统/子系统方面的现有能力。但是，当开启中国台湾 ICT 制造业服务化的"黑盒子"时，可以看到一套精细的公式，以及企业在追求转型的商业模式方面的深刻变化。根据我们以前关于制造业服务的本质和关键成功因素的讨论，正是因为诸如新价值主张、新核心能力/平台、新组织以及内部和外部流程以及新的定价和收入模式等因素的重要性，相关公司必须在公司内部和企业间层面重塑自己。通过从"十大创新类型"的框架中借鉴思想，我们已经能够演示商业模式的几个关键要素所涉及的主要差异。中国台湾的一些 ICT 公司正在走向制造业的服务化，这与中国台湾 ICT 行业的传统形象呈现出巨大偏离。

特别值得注意的是，向制造业服务化的转型要求中国台湾的 ICT 企业超越模块化产品架构。对于品牌公司来说，它们必须将其产品与适当的平台和/或接口集成，以便向最终用户客户提供连接的服务。在这样做时，它们必须在硬件中形成适当的服务和产品架构，而不是像以前一样在硬件中简单地创建模块化产品架构。对向云计算过渡的 ODM 制造商来说，所需的解决方案已经变得类似于整合产品架构，甚至是 CoPS，本质上涉及上游和下游业务产品的大量系统集成。

尽管如此，企业的能力以及其他一些因素可能会影响其组织范围和形成的商业模式。因此，在这里分析的中国台湾 ICT 公司，即使在向服务化转移时仍然要处理"能力差距"。除了提升自身的内部能力外，中国台湾企业也采用收购和外部合作的方式以处理"能力差距"。

第六节 结 论

根据制造业和服务界限模糊的趋势，制造业的服务化已成为越来越多的制造商（包括中国台湾 ICT 制造商）转型的重要推动力。产业现实的变化，特别是数字化服务对移动设备和云计算日益增长的重要性，促使一些中国台湾的 ICT 制造商（假设不是很多）开始转向制造业服务化，他们要么是以"混合"的形式提供"商品和服务，要么以"完全"提供服务的形式。因此，中国台湾 ICT 生产的核心已经远远超越了硬件和系统/子系统原始模式，而采用模块化和开放式的架构。

实质上，制造商对服务制造业的追求可以被解释为企业内部和企业之间的 EIS。不像传统的制造业 R&D 和创新项目，他们可以由公司或者公司内部的一个单位单独发起，制造业的服务化可能涉及公司层面的战略调整、企业内部和企业间的组织重组、机构件的关系、能力建设、新的定价和收入模式等问题（Chen et al., 2010）。正是在这种情况下，相关的中国台湾 ICT 制造商越来越多地表现出与 GPN 和 GINs 的角色不同的一些特征，包括参与品牌与 OEM/ODM 制造，以及模块化（与整体）产品生产的主要特征。

尽管在讨论中国台湾 ICT 产业升级时，"品牌与 ODM"仍然是一个重要的话题，但制造业的服务化已成为对品牌企业和 ODM 分包商日益重要的新兴趋势。在模块化和开放式架构的框架下，两者现在都需要超越处理硬件和系统/子系统的现有能力。对于品牌公司来说，他们必须将其产品与适当的平台和/或接口集成，以便向最终用户客户提供连接的服务。在这样做时，他们必须在服务和产品架构之间形成适当的配合，而不仅仅是对硬件中模块化产品架构的创新。对于向云计算转型的 ODM 制造商来说，所需的解决方案已经变得类似于整体产品架构，甚至 CoPS，也涉及了大量上下游业务产品的系统集成。

此外，这两种类型的公司都具有扩大其在服务和/或内容上的战略控制程度的趋势。这就意味着他们的创新心态以及商业模式发生了重大变化。品牌公司（例如，HTC）不得不将其产品策略从硬件创新转变为硬件、软件和经验整体创

服务化、信息化和创新模型

新。对于 Quanta 来说，最初的 ODM 制造商、软件、系统和服务已经成为其向云计算迁移的核心价值。这种转型需要企业的商业模式在各个方面具有恰当的适应性，至少包括供应、交付、流程和财务要素等方面。

注释

1. 一些国家的政府——比如，芬兰和中国台湾——在积极地促进有关制造业服务化的创新（见 Chen et al.，2010）。

2. 本文的早期版本作为中华经济研究所的工作文献出现在网上。

3. 整个产品生命周期可以分为"需求""规格""实现""使用""维护"和"寿命终止"阶段。

4. Keeley（1999）和 Tekes（2007）在初步运用这一框架时，也用"频率"的维度反映了"十大创新类型"各个子元素的创新力量的相对数量。然而，在本章中，我们并没有这么做，因为我们只想强调公司业务模式所涉及的变化。

参考文献

Baines, T., Lightfoot, H., Evans, S., Neely, A., Greenough, R., Peppard, J., Roy, R., Shehab, E., Braganza, A., and Tiwari, A. (2007) "State-of-the-art in product-service systems." *Journal of Engineering Manufacture*, Vol. 221 (10): 1543–1552.

Baines, T., Lightfoot, H., Benedettini, O., and Kay, J. (2009) "The servitization of manufacturing: A review of literature and reflection on future challenges." *Journal of Manufacturing Technology Management*, Vol. 20 (5): 547–567.

Belson, K. (2007) "Silent Hands Behind the iPhone." *New York Times*, July 18, 2007.

Brax, S. (2005) "A manufacturer becoming service provider-challenges and a paradox." *Managing Service Quality*, Vol. 15 (2): 142–155.

Chase, R. and Erikson, W. (1989) "The service factory." *The Academy of Management Executive*, Vol. 2 (3): 191–196.

Chen, S.-H. (2004) "Taiwanese IT firms' offshore R&D in China and the connection with the global innovation network." Research Policy, Vol. 33 (2): 337–349.

Chen, S.-H. (2007) "The national innovation system and foreign R&D: The case of Taiwan." *R&D Management*, Vol. 37 (5): 441–453.

Chen, S.-H., Wen, R, Liu, M., and Lin, X. (2006) "Innovation capability-building and technology branding: From OEM/ODM to OBM." Paper presented to the *International Conference on Industrial Technology Innovation Repositioning for Industrial Growth and Economic Prosperity through Innovation*, *Department of Industrial Technology*, *Ministry of Economic Affairs*, Chung–Hua Institution for Economic Research, Taipei, August 3–4 2006.

Chen, S.-H., Yu, R-J., and Wen, P (2010) "Innovation policy for the servitization of manufacturing: Lessons from multi–country cases." In *Proceedings of International Association for Management of Technology IAMOT*, Cairo, Egypt, March 8–11 2010.

Chou, P (2009) HTC Corporation. Power Point presentation, June 2009.

Chu, W.-W. (2009) "Can Taiwan's second movers upgrade via branding?" *Research Policy*, Vol. 38 (6): 1054–1065.

Cohen, M., Cull, C., Lee, H., and Willen, D. (2000) "Satum's supply-chain innovation: High value in after–sales service." *Sloan Management Review*, Vol. 41 (Summer): 93–101.

Davies, A. (2003) "Are firms moving 'downstream' into high–value services?" *Service Innovation*: *Organization Responses to Technological Opportunities and Market Imperatives*, London: Imperial College Press, pp. 321–342.

Davies, A. (2004) "Moving base into high–value integrated solutions: A value stream approach." *Industrial and Corporate Change*, Vol. 13 (5): 727.

Davies, A., Brady, T., and Hobday, M. (2006) "Charting a path toward integrated solutions." *MIT Sloan Management Review*, Vol. 47 (3): 39.

den Hertog, R. (2000) "Knowledge-intensive business services as co–producers of innovation." *International Journal of Innovation Management*, Vol. 4(4): 491–528.

服务化、信息化和创新模型

Ernst, D. (2006) "Innovation Offshoring: Asia's Emerging Role in Global Innovation Networks." Report No. 10. East–West Center Special. Honolulu.

Fujimoto, T. (2006) "Architecture–Based Comparative Advantage in Japan and Asia." Industrialization of Developing Countries: Analysis by Japanese Economics. Tokyo: National Graduate Institute of Policy Studies, pp. 1–10.

Goedkoop, M., van Halen, C., Te Riele, H., and Rommens, P. (1999) "Product service systems, ecological and economic basics." Report for the Dutch Ministries of Housing, Spatial Planning, and the Environment (VROM) and Economic Affairs (Ramirez–Rozzi), 36.

Hobday, M. (1998) "Product complexity, innovation and industrial organisation." *Research Policy*, Vol. 26 (6): 689–710.

Homburg, C. and Garbe, B. (1999) "Towards an Improved Understanding of Industrial Services: Quality Dimensions and Their Impact on Buyer–seller Relationships." *Journal of Business to Business Marketing*, Vol. 6 (2): 39–71.

Hwang, J.–C. (2012) "Taiwan's Industrial Innovations: A Product Architecture Perspective." PowerPoint presentation by Dr. Hwang, Jung–Chiou, Vice Minister of Economic Affairs, MOEA, to IAMOT (International Association for Management of Technology) 2012, *Managing Technology–Service Convergences in the Post–Industrialized Society*, Hsinchu, Taiwan, March 18–22, 2012.

Keeley, L. (1999) "The Ten Types of Innovation." Doblin Inc.

Kotler, R (2003) *Marketing Management.* 1 lth edn. Englewood Cliffs, New Jersey: Prentice Hall.

Makower, J. (2001) "The Clean Revolution: Technologies from the Leading Edge." Global Business Network Worldview Meeting. Global Business Network, San Francisco, CA, 1–26.

Mathieu, V. (2001) "Service strategies within the manufacturing sector: Benefits, costs and partnership." *International Journal of Service Industry Management*, Vol. 12 (5): 451–475.

Miller, R., Hobday, M., Leroux–Demers, T., and Olleros, X. (1995) "Innovation in complex systems industries: The case of flight simulation." *Industrial and Corporate Change*, Vol. 4 (2): 363.

Ministry of Economic Affairs (MOEA) (2011) "2011 White Paper on Taiwan Industrial Technology." Taipei City: Department of Industrial Technology, MOEA.

Mont, O. (2002) "Clarifying the concept of product–service system." *Journal of Cleaner Production*, Vol. 10 (3): 237–245.

Mont, O. (2004) "Product–service systems: Panacea or myth." Ph.D. thesis, International Institute for Industrial Environmental Economics, Lund University, Sweden.

Oliva, R. and Kallenberg, R. (2003) "Managing the transition from products to services." *International Journal of Service Industry Management*, Vol. 14 (2): 160–172.

Quinn, J., Doorley, T., and Paquette, P. (1990) "Beyond products: Services–based strategy." *Harvard Business Review*, Vol. 68 (2): 58.

Reiskin, E., White, A., Johnson, J., and Votta, T. (2000) "Servicizing the chemical supply chain." *Journal of Industrial Ecology*, Vol. 3 (2–3): 19–31.

Shibata, T. (2008) "Building the concept of module dynamics: Innovation through module partition and integration." Working Paper Series, no. 6, Graduate School of Management, Kagawa University, Japan.

Shibata, T., Yano, M., and Kodama, F. (2005) "Empirical analysis of evolution of product architecture." *Research Policy*, Vol. 34: 13–31.

Shih, Y.-S. (2011) "A Journey Towards the Knowledge Economy and Outlook." PowerPoint presentation by the Minister of Economic Affairs, MOEA, Taiwan, at "Science and Technology: Innovation for the Furore of Hong Kong" Forum, organized by the Hong Kong University of Science and Technology and the Hong Kong Academy of Engineering Science and the Hong Kong Institution of Science, December 2011.

Tekes. Technology Review. (2007) *Seizing the White Space: Innovative Service Concepts in the United States*. Peer Insight. Helsinki: Tekes.

服务化、信息化和创新模型

Toffel, M. (2008) "Contracting for Servicizing." Harvard Business School Working Paper, No. 8–63.

Ulrich, K. (1995) "The role of product architecture in the manufacturing firm" *Research Policy*, Vol. 24 (3): 419–440.

Vandermerwe, S. and Rada, J. (1988) "Servitization of business: Adding value by adding services." *European Management Journal*, Vol. 6 (4): 314–324.

White, A. L., Stoughton, M., and Feng, L. (1999) *Servicizing: The Quiet Transition to Extended Product Responsibility*. Boston, MA: Tellus Institute.

Wikipedia (2010) "Manufacturing." Available at http://en.wikipedia.org/wiki/Manufacturing (Retrieved 4 January 2010).

Wise, R. and Baumgartner, P. (1999) "Go downstream." *Harvard Business Review*, Vol. 77 (5): 133–141.

——基于其不断改变的结构与特征

Balaji Parthasarathy

第一节 引 言

截至 2009 年，印度的软件和相关服务行业的产值从当初不到 1 亿美元已增长到 587 亿美元（见表 5.1）。其中 80% 的收入来源于出口。实际上，到 2010 年，印度被认为是非经济合作与发展成员国中软件和服务最大的出口商。除了在数量上的大幅增长，该产业也在性质上发生了翻天覆地的变化：从廉价劳动力的提供者转变为高技术服务提供方，甚至已然成为创新活动的来源之一。如表 5.2 所示，截至 2007 年，研发和工程类服务占印度软件以及相关服务出口额的 15.7%。一个位于世界上最贫穷、文盲率最高的国家究竟如何在一个依赖大量技术劳动力的部门中实现如此巨大的出口增长的？本章将通过研究怎样改变技术条件和政策，创造一个历史上为该国该行业生产服务的特定组织，从而解释印度软件服务出口实现的数量上的扩张和性质上的转变。本文将分五个阶段来理解这些转变。

第一部分说明，直到 1984 年（阶段 1），印度实际上没有软件行业，公共部门以企业为主导，以进口替代工业化为主导的政策制度，不利于创业和外国投资（Ahluwalia，1985）。20 世纪 80 年代中期，随着政策自由化的推进，开始出现了以出口为导向的软件产业。然而，在 1990 年之前（阶段 2），出口仅仅涉及"专

表 5.1 印度的软件和服务收益以及出口额

财政年	收入（百万美元）	出口		
		收益百分比（%）	进口百分比（%）	出口百分比（%）
1985/86	81	29.63		
1986/87	108	36.11		
1987/88	130	40.00		
1988/89	160	41.88		
1989/90	197	50.76		
1990/91	243	52.78		
1991/92	304	53.95		
1992/93	388	57.99	8.0	
1993/94	560	58.93	12.0	
1994/95	787	62.13	16.0	1.9
1995/96	1253	60.18	29.0	2.4
1996/97	1841	59.75	46.0	3.2
1997/98	3011	58.42	54.0	4.9
1998/99	4069	63.90	58.0	7.6
1999/00	5611	70.61	68.0	10.6
2000/01	8386	74.14	70.7	13.8
2001/02	10073	76.79	80.9	17.0
2002/03	12324	79.29	80.7	18.0
2003/04	16700	77.25	88.4	20.2
2004/05	22500	78.67	92.3	21.2
2005/06	30300	77.89	97.0	22.9
2006/07	39300	79.13		24.6
2007/08	52000	77.69		
2008/09	58700	78.88		

资料来源：NASSCOM 1992，1993，1994；STP data from http://www.stpi.in/.

业代工"，或者在低成本编程服务（例如编码和测试）上按时提供便宜的现场（即在海外的客户地点）劳动的做法。第二部分将会解释为什么只有在 20 世纪 90 年代（阶段 3），随着数据分享设备的出现和世界经济更加地开放，该产业才在印度这片领土上适时地新兴起来。在这一阶段，得益于大量技术工人的优势，班加罗尔也成为该产业的领先区域，之后一度被称为"硅谷高原"（Fineman，1991）或是"印度硅谷"（IDG，2001）。同时，第二部分还会解释为什么在 20 世纪 90 年代自由的经济氛围中成为工业中心，班加罗尔依旧缺乏如硅谷般的创新精神。事实上，由于出口导向型企业和其他机构之间的本地互动极少，该产业需要应对激增的劳动力市场压力，和通信基础设施的传播，使班加罗尔面临逐渐非中心化的困境。

表 5.2　软件出口：部门贡献，2001/02~2006/07

财政年	总出口 （十亿美元）	软件和服务	ITES-BPO （软件和服务）	R&D 服务 （软件和服务）	嵌入系统 （软件和服务）
2001/02	43.8	17.6	19.3	15.7	76.6
2002/03	52.7	18.5	23.7	16.4	68.7
2003/04	63.8	20.2	24.0	19.3	64.0
2004/05	83.5	21.2	25.9	17.5	70.9
2005/06	103.0	22.9	26.9	16.6	
2006/07	126.4	24.6	26.8	15.7	

资料来源：财政局各年。

然而，如第三部分所述，在 2001 年（阶段 4）后，在非中心化的同时，聚集势力开始在班加罗尔表现踊跃。随着全球对软件人才需求的下降，信息技术的过度投资，出现了企业家和拥有技术技能的海外印度人开始逆向流动，他们主要去到班加罗尔。他们的技术搭建了班加罗尔当时的劳工池，以帮助该产业进入更高的技能活动，尤其是嵌入系统的设计。本章最后一节将会探索一个新兴的阶段，即政策越来越意识到信息与通信技术（ICT）的发展潜力可以推动创新，并吸取印度过去贫穷和文盲率高的经验教训。

第二节　印度软件产业的兴起与发展（1985~1990 年)

印度计算机行业的亮点出现在 20 世纪 80 年代初。印度的电子公司（一家国内垄断的电子商务公司）在开发一款商业型电脑失败后，迫使 IBM 在 1978 年关闭了其业务（Grieco，1984）。随着 IBM 的离开，许多之前的员工成立了独立机构，以出租计算机软件开发服务（Subramnian，1992）。这是软件行业在私人部门中发展的起源。

20 世纪 80 年代开放政策制度的谨慎努力涉及许多举措，以确保印度在错过半导体产业的全球化之后，可以利用软件行业的全球化，在软件产业中的发展，犹如中国台湾和韩国的硬件。1984 年 11 月颁布的计算机政策，和 1986 年 12 月颁布的计算机软件出口、发展与培训政策是两个关键的举措。1984 年的政策除了缓解当地电脑的制造和供应外，还承认了软件的"行业"地位，并使其有资格获得各种津贴和奖励。同时降低了软件进口的关税，并优先鼓励出口。1986 年的政策旨在增加印度在世界软件产值中的份额。行业是独立的，政府的介入只提供宣传和基础设施的支持。总的来说，这一政策是在私人部门中对 ISI 的明显抛弃，并在软件部门产生自力更生意识的萌芽。

尽管有这些措施，但这一阶段的出口只涉及一些"专业代工"，因此拥有其特有的优势和局限。一方面，这意味着"无输入出口"，只需要海外的合同，一点点财务，以及可以在现场发送的本地程序员便可实现（Heeks，1996）。另一方面，由于缺少训练有素的专业技能，许多人倾向于放弃寻求技术上更具挑战性和更高薪的海外工作。高营业额只能加强印度公司在低成本基础上竞争的趋势，而不能够成为一个从以往项目中获得技术和管理经验的知识库。专业代工似乎是一个轻松的挣钱手段，但作为 ICT 产品来源国之一的这些公司迄今为止未获得任何关注，20 世纪 80 年代也没能替代现场的线上服务来获得全球客户的芳心。然而，印度工程师通过在一个封闭的经济体中训练，获得了必要的技术技能。除了新兴技术，线上服务能够暴露市场趋势，管理流程，和社会特定的通信文本。官方给予"专业代工"的鼓励反映出了政策制定者对行业理解的局限性：软件被广泛认为是"高科技"，但对不同的生产阶段或相应附加值之间的区别缺乏足够的认识。

第三节　从专业代工到境外承包合同（1991~2000 年）

为更好地了解行业，提供政策支持，政府在政策制定的方法上进行了转变。直到 20 世纪 80 年代，政策制定仍集中于封闭的官僚机构内，而在此后，国家越来越试图借鉴行业反馈来制定政策（Evans，1995）。基于行业的投入，1988 年成立了国家软件与服务公司协会（NASSCOM），后续的政策措施更积极地促进了行业的发展。最明显的例子是在 1990 年成立的软件技术园区（STPs）。出口区致力于软件行业，而软件技术园提供的数据通信设施支持公司提供离岸服务，即服务由印度提供，而不是在海外的客户网站上工作。1991 年，在软件技术科技园成立的后一年，新的产业政策出现，经济转向了全面的自由政策（Oman，1996）。

离岸服务转向更加自由的经济环境预示着印度软件行业与全球市场之间开始了一段新的关系。Pronab Sen's（1994）对出口季度性增长的分析发现，在 1987 年至 1993 年中，线性方程最好地拟合了增长。在 1992~1994 年，指数方程最好地拟合了增长趋势。尽管 Sen 没有足够的数据来判断这是否是一个长期的趋势，但他指出如果出口仍按指数型增长，到 1997 年数值将会达到 6.3 千万美元。而实际上，到 1997 年印度的出口额已增至 11 亿美元，此时印度软件出口的增长特征发生了明显的变化。自 1984 年以来政策成为促进改变的关键，加强了早些年政策偶然带来的好处。尽管文盲普遍存在，印度的教育政策仍设法创造了大量的熟练劳动力，在相对缓慢增长的经济中，如果不是失业，就会面临就业不足。这个劳动力市场提供了一个现成的资源，以满足对高技术、低工资的软件人才日益增长的需求，特别是在 20 世纪 70 年代和 80 年代，工业化国家利用个人电脑（PC）和网络革命优势的过程中。殖民地的历史意味着其劳动力大多是用英语来教育的，但是印度最突出的优势不但来自低成本、讲英语的劳动力，而且来自它所体现的技巧。随着 IBM 的离开，和当地努力建立商用价值计算机的失败，用户不得不依靠进口。由于高关税抑制进口，大型机从来没有在印度显著地存在，仅有几个来自不同年份和产地的型号机进口。20 世纪 70 年代，印度人在各种平台的工作经验帮助他们赢得了合同，维持了 20 世纪 80 年代和 90 年代劳动密集型的旧系统。

地理上，与美国有 12.5 小时的时间差使印度公司偶然受益。他们的主要市场，承担的是境外普通用户一天之后遗留下来的维护工作。由于专业人士在印度接受印度的工资水平，对公司意味着低成本和更好的盈利能力。而一旦出国，专业人士会得到海外津贴（Heek，1996）。离岸服务的发展提供了可以使大多数员工聚集在一个屋檐下的优势，而不是让他们分散在客户的网站，使公司可以通过建立知识库争夺后续项目，并使员工进行跨项目的工作。

正是在这种有意识的努力和不可预见好处的背景下，STP 帮助这个行业在 20 世纪 90 年代完成了升级。离岸服务占软件出口的份额从 1990 年的 5% 增长到 2001 年的 38.6%（见表 5.3）。软件工厂伴随着印度在基础设施、技术、质量工艺、生产工具，对不同地域客户多样的工作方法等多方面的进步，同时兴起。例如，2002 年 6 月，85 家公司成功注册为软件工程学院五阶段能力成熟度模型（CMM）中的最高水平级——5 级，与世界各地的其他 42 家公司相比，北极星软件是世界上第一家获得 CMMI 5 级认证的公司。

表 5.3 1990~2003 年印度软件出口收益的来源（占出口收益的百分比）

财政年	即时服务（%）	离岸服务（%）
1990	90.00	5.00
1993/94	62.01	30.05
1994/95	60.90	29.59
1995/96	60.32	31.63
1996/97	58.69	30.21
1997/98	59.00	32.20
1998/99	58.18	33.91
1999/00	57.26	34.69
2000/01	56.09	38.62
2001/02	45.21	50.69
2002/03	38.95	57.90

注：2002/03 的数据是估计值。
资料来源：NASSCOM 2001。

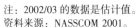

服务化、信息化和创新模型

印度公司寻求部分质量认证，因为一个明确的过程，提高了它们估计和管理项目所需的时间和资源的能力，能帮助它们争取有利可图的承包合同（Arora and Asundi，1999）。总承包合同要求实质性的管理技能，不仅仅是编程能力，而是可以协调好更加广泛的企业任务，并对整体项目进度、质量责任和生产率负责任。而不是如专业代工一般，只是简单的销售行为。

除了大型印度公司向离岸服务的转型之外，20 世纪 90 年代的自由经济气候也见证了包括 IBM 回归在内的跨国公司（MNCs）的涌入，并建立了离岸开发中心（ODCs）。离岸开发中心在 STP 斥资建立通信基础设施，并提高印度劳工的技能。在 20 世纪 80 年代中期，当跨国公司开始慢慢进入印度，它们选择把软件工程师放在印度的学习曲线上，有的甚至开始国内的专业代工。20 世纪 90 年代，跨国公司的离岸开发中心摆脱了从属地位，联合或独立地承接项目，与它们的母公司成为平等的合作伙伴。有的甚至超越了它们的母公司。例如，在 1994 年，摩托罗拉班加罗尔中心是两个达到 SEI CMM 认证五级水平的软件中心的其中之一，另一个在美国劳拉航天软件项目中（Sims，1994）。

在印度，软件工厂和开发中心在具有熟练劳动力和通信设施的地区内萌芽，而班加罗尔兼具这两要素。20 世纪 80 年代，国内的一些知名企业，像印孚瑟斯（Infosys）和早期进入印度的跨国公司都坐落于班加罗尔。它们被该地区集中的熟练劳动力吸引，最初劳动力充斥在 PSEs 和政府实验室的诸如航空航天、电子、电信等部门，而后从卡纳塔克邦省（省会是班加罗尔）和与其毗邻的工科院校的大量毕业生补充进来（见表 5.4）。

表 5.4　获批准的工程学院及其附属机构

单位：个，%

	学院	附属机构
全印度	663	156493
卡纳塔克邦	70	24752
春米尔纳都邦	129	32160
马哈拉施特拉邦	118	28985
安德拉邦	88	20285
四个邻近省份	405	106182
占全印度的比例	61.09	67.85

资料来源：AICTE 1999：Annexure 4.1.

班加罗尔为增强技术优势提供了必要的基础设施，因而第一家 STP 在此建立。班加罗尔成为国内企业扩张计划的中心和希望在印度建立离岸发展中心的大量硅谷公司的第一选择（Rao，1995）（见表 5.5）。由于国内企业和跨国企业的集中，以及软件产业升级离岸服务的转移，班加罗尔被称为"印度的硅谷"。本文作者（2004）曾在其他地方指出，把 20 世纪 90 年代的班加罗尔硅谷称为"硅谷的印度"更为准确，因为这里缺乏便于观念分享和流通的制度环境，正是这一条件能创造硅谷这样的创新氛围。作者认为至少有两方面的原因导致了这一支持性制度环境的缺失。

表 5.5　印度软件的空间分布（按出口份额和 NASSOM's 中的总部位置）

区域	出口份额（%）	总部
Bangalore	26.64	160
New Delhi/Gurgaon/Noida	15.34	106
Chennai	10.42	72
Hyderabad	7.02	61
Mumbai/Navi Mumbai	5.68	148
Pune	3.39	48
Kolkata	0.88	32
Ahmedabad/Gandhinagar	0.36	10
Thiruvananthapuram	0.03	14
Chandigarh/Mohali	0.01	7
Bhubaneshwar	neg.	8
Others	29.96	34

注："总部"是软件行业空间组织的粗略测量，因为许多公司在几个城市都有开发中心。
资料来源：www.bangaloreit.com（accessed June 2006）；NASSCOM 2001.

鉴于印度软件生产出口的优势，班加罗尔大部分企业在海外市场上发展，并与主要市场的客户和其他公司建立联系，因而印度的企业之间缺乏相互交流，从而限制了创新。出口合同的保密条款也明显限制了印度公司在本地工作的分包能力。作为跨国公司的离岸发展中心，尽管许多公司为它们的母公司开发新产品和新技术，但它们往往不愿意分享专有技术，几乎和当地企业没有关联。并且，因为学术机构和公共部门的公司和实验室都相对独立运营，只提供熟练劳动力，而

服务化、信息化和创新模型

能为劳动密集型服务企业提供的风险资本是有限的，几乎没有任何地方机构会促进区域内思想的共享和传播。因此，这对企业的位置几乎没有限制。

因此，在 20 世纪 90 年代，比如印孚瑟斯公司，除了在班加罗尔扩张以外，也在印度的其他城市建立发展中心，其中包括布巴内斯瓦尔、金奈浦那和芒格洛尔等城市，同时也在北美、英国和日本发展。正如该公司自己宣传所说，全球发展中心：

扩大公司的全球交付模型的能力，在世界的不同地方充分利用人才和基础设施。这些中心增强了客户体验的舒适度和扩张交往的能力，在较短的接触时间内提供更广泛的服务，如包括高水平的客户互动业务咨询和技术架构。它们还让印度各大校园参与进来，使得该计划可在多个地点和时区加速执行和传播。

因此，印孚瑟斯在印度的扩张体现了离岸服务所带来的持续增长的机遇，而它在其他城市的扩张显示了与当地企业的关联并不非常重要。开发中心在其主要市场的开放表明，若一个公司试图转型至更高附加值的领域，则必须更接近客户和其他公司。从表 5.3 可见，印孚瑟斯的经验不是唯一的，这表明随着 STP 的调试，在 20 世纪 90 年代初的离岸出口活动的份额急剧增加，从 5% 增至 30%。但是，从 1997 年到 2001 年，尽管数据共享的基础设施快速分布，STP 的数量由 6 个翻番至 12 个，但离岸活动只上涨了 8.41%。

印孚瑟斯移动的背后反映的是 20 世纪 90 年代一个紧缩的劳动力市场。Saxenian（1994）将其称为"技术社会"的缺失。由于自 80 年代以来获得的良好声誉，印度软件专业人士不再主要依赖印度的公司来获得就业机会。换句话说，随着全球化进程的加剧，印度有关软件人才的劳动力市场和全球的劳动力市场不再有明显的区别。随着互联网的商业化，全球对技能的需求吸引了越来越多的印度专业人士到海外赚钱。有一个指标可以说明该现象，印度是到美国非移民 H1-B 签证的最大接受者（见表 5.6）。这种对印度技术的国际需求意味着，尽管转向提供离岸服务，但在 20 世纪 80 年代折磨着公司的人员流失问题和特殊技能人员的困扰并没有消失。

因此，本文作者（2004）认为，在 20 世纪 90 年代印度软件产业完成了数量上的急速扩张，其中班加罗尔从一个低工资的闭塞区域转型为硅谷的印度，为世界市场发展软件产业。而这一转变是一个充满限制的质的转变，其中面临的鼓励

表 5.6　向印度国民发放非移民（美国 H1-B）签证（占全球行的所有 H1-B 签订的百分比，以及排名）

财政年	全世界总计（个）	对印度国民发放的签证	
		百分比（％）	排名（％）
1992	110193	748	3
1994	104889	16.16	1
1996	144458	20.24	1
1998	240947	25.96	1
1999	302326	28.12	1
2000	355605	28.81	1
2001	384191	27.19	1
2002	370490	21.89	1
2003	360498	21.89	1
2004	386821	21.60	1
2005	407418	25.13	1
2006	431853	29.11	1
2007	61730	34.14	1
2008	409619	37.77	1
2009	339243	36.26	1

资料来源：DHS（various years）.

行业分散的背景抑制了班加罗尔向类似于硅谷这样能定义新产品和技术改造的区域的转型。

第四节　从承包合同到研发服务：嵌入系统的案例

　　尽管由于 20 世纪 90 年代的过度投资导致了全球对 IT 产品的需求骤降，但 2001 年后印度软件产业和出口持续增长（见表 5.1）。这一增长伴随着产业更深层次的质变，因为该产业不再局限于提供低附加值服务。相反，它越来越多地提供研发服务，这一服务需要知识产权的诞生。研发服务的核心是提供嵌入式系

服务化、信息化和创新模型

统，其对出口额的贡献从 2002 年的 9.1 亿美元到 2005 年的 22 亿美元。印度嵌入式系统产业主要集中在班加罗尔，反映该现象的一个指标是 2004 年 10 月在班加罗尔形成了有 32 个成员的印度半导体协会（ISA），该协会满足了软件行业对新兴子行业的特定需求。ISA 不同于总部位于新德里的 NASSCOM，这一组织迎合了更广的软件与服务行业。

由于全球的企业都试图通过外包的方式控制成本，这不仅有软件产业，还有与研发服务相关的一切活动。外包业务从技能层面，到如基于语音的客户支持中心（呼叫中心）的业务流程方面（Srinivas and Jayashankar，2002），使得尽管全球对 ICT 的需求暴跌，印度却反向增长（见表 5.2，2001 年后的离岸服务提供急剧增长）。嵌入式提供服务的发展为我们了解全球半导体行业生产组织的变化、不断改变的法律框架和印度劳动力市场条件，以及在班加罗尔生产网络的出现提供了更多的细节。

嵌入式系统是指任何一台计算机只是一个大系统中的一部分，它依赖于自己的微处理器（Wolf，2002）。嵌入式系统的使用随着更强大的微处理器的发展而增长，现在它们在消费品、运输设备和工业过程控制系统中的应用越来越广泛。在这些设备中，嵌入式系统不仅要考虑什么样的机械和电子系统专门用来做什么，还越来越多地连接到互联网。它的数字捕捉功能和模拟各种机械的能力或其他功能，使得研发能力全球化在各领域技术上变得可行。因此，像梅赛德斯奔驰这样的汽车公司已经在班加罗尔设立了研发机构。

嵌入式系统的设计是为了适应软件的部分功能，仅用于转换数据，以满足各个领域的实时约束，电源要求和安全考虑，同时通过传感器和执行器与物理世界进行互动（Lee，2000）。嵌入式系统的设计通常需要工程师在应用领域进行经典的训练，比如说，通信。"让商品程序员来复制收费质量的语音编解码器或无线调制解调器是很困难的。"（ibid.：19）

尽管印度几乎没有半导体制造能力，但促进印度公司在全球范围内提供它们在嵌入式系统中的专业知识，是半导体行业中出现的一个新分工。过去塑造行业的垂直一体化的公司已经让位给占据了生产线的各个分体公司（Mathews and Cho，2000）。依靠其他公司制造的芯片的设计，连续生产线的范围可从纯代工，到提供合同制造，到设计房子。印度的公司利用该产业变化的组织形式，与其他领域的企业合作来生产它们的设计。

2003 年，全球嵌入式软件解决方案市场价值 210 亿美元。电信、计算机和数据通信部分占主导地位的市场份额达到 34%，由于语音/数据的融合，这需要以前不兼容的语音/数据设备的不同垂直集成制造商进行相互沟通。技术和制度变革为新公司创造了机会，这是印度公司首先进入的部分（Bhuyan，2002）。就市场占有率而言，这个细分市场依次是消费电子（20%）、工业自动化（19%）、汽车（10%）和办公自动化（8%）。

为了充分利用这一新兴的国际化机遇，据估计，在 1999 年至 2002 年，有 30~40 家企业带着 50 万~250 万美元的投资进入了这项业务（Hari and Anand，2002）。到 2003 年，相比于 1997 年的 300 人，集成电路（IC）设计和验证行业雇用了 5000 名到 7000 名工程师（Menon，2003）。一个不同于增长和规模的指标是电子设计和自动化（EDA）工具对集成电路设计的关键。电子设计和自动化工具的市场估计已由 1999 年的 1500 万美元增长至 2003 年的 6000 万美元（Menon，2003）。因此，一项调查表明，印度在芯片设计上"实现了某种临界质量"（Hari and Anand，2002：35）。

在国内方面，法律的修改帮助了企业，其中重要的是《半导体集成电路布图设计法 2000》的通过，它为集成电路布局和设计提供了注册制度以及十年的保护期。该法案被批评为只保护布局，并未足以保护抽象的设计和算法，即使它的批评者知道这是一个大的飞跃，特别是为嵌入式系统行业的发展提供了信心（Krishnadas，2000）。但是，由于之前软件专利是不被允许的，因此直到 2004 年 12 月 27 日印度政府才颁布了一项法令，修改专利法。当软件具有工业技术应用且与硬件结合时，便可成为专利的提供方，如嵌入式系统，该法令从 2005 年 1 月 1 日起生效。

此外，还有一个深化的劳动力市场以鼓励企业。由于 2001 年后美国的需求下滑，2002 年 3 月 H-1B 申请人数大幅下降（见表 5.6），NASSCOM 估计约有 35000 名专业人才回到印度，他们大多来自美国（Singh，2003）。在这些回国者中，约有 70% 的人持有 H1-B 签证，另外 10%~15% 的人在国外待了至少十年。这些人归来不仅仅是因为看到了国际机会的缩水，更因为他们把印度视为一个创新之地（Krishnadas，2003a）。一个地区的创新度可以由研发服务体现出来，尤

服务化、信息化和创新模型

其是嵌入系统，这在印度的印度企业和跨国公司内都表现得十分活跃。

在印度，企业在嵌入系统中的活跃度可以分为三类（Hari and Anand，2002）。第一类是设计整个芯片的供应商。这主要是跨国公司的领域，如英特尔、摩托罗拉、得克萨斯仪器（TI）等。第二类是产生 IP 的公司，他们从客户许可费或经常性的版税支付中获取收入。虽然这是有利可图的，特别是与以劳动时间为基础提供的软件服务相比，但它是有风险的。生成 IP 需要熟悉新兴标准，因此参与相关的国际标准制定机构是非常有价值的。但这非常的昂贵，尤其是对小公司来说。第三类公司则为客户提供合同设计服务。这与提供软件服务非常相似，虽有一个关键的区别，但在这一方面印度公司具有全球竞争力。提供设计服务是嵌入式系统生产链中非常重要的一部分，并且需要与客户的首席技术官或研发负责人互动。与此相反，外包的软件服务常包括如维护数据库领域，零售等。而建立必要的信息支持系统通常不是大多数客户的主流活动。在这种情况下，服务供应商往往与他们的客户的首席信息官互动。

虽然数据表明，直到 20 世纪 90 年代末，嵌入式系统的生产在印度才开始发展，但行业的起源可以追溯到受雇于班加罗尔 PSE 印度电话行业和巴拉特电子的 IC 设计人员（Sridharan，1996）。正是这些技术人员的存在，1985 年，得克萨斯仪器（TI）成为第一个在此投资建立离岸发展中心的跨国公司。离岸发展中心后续的演化揭示了印度嵌入式系统产品的出现。尽管这是有利的，TI 并没有立即陷入设计之中。相反，班加罗尔中心开始做维护和应用工作，直到 20 世纪 90 年代初，得克萨斯仪器（TI）才开发了印度的设计策略。TI 的主要业务线，数字信号处理器设计中心于 1995 年成立，安卡尔是印度第一个完全开发的商业 DSP，于 1998 年推出。此后，许多 DSP 以及多达 415 项的专利和多项行业奖中心出现。

像得克萨斯仪器（TI）这样的供应商，并不独自开发产品。随着日益复杂的嵌入式系统和它们在使用上的快速多样化，该行业正在转为一个设计过程，整合和重构商品系统的片上平台，提供差异化的产品满足各种各样的用户和应用领域（Martin and Schirrmeister，2002）。平台是一个机制，通过提供预集成加速终端产品的设计与开发，来验证 IP 块组织成软硬件架构的集合。因此，得克萨斯仪器（TI）保留着 DSP 开发，全球有 600 多个独立的 DSP 合作伙伴从它们那里要么买 IP 要么寻求设计服务。其合作伙伴中有 49% 是印度人，这其中有 31% 来自班加罗尔。

　　得克萨斯仪器（TI）的印度合作伙伴包括大型、老牌已创立的公司，也有新兴企业。前一类公司可以分为两类。一类是 20 世纪 80 年代，当印度市场受到保护时，在硬件设计和开发方面积累了专业知识（Evans，1995）。这些公司包括如 Tata Elxsi、Wipro 和 HCL。Tata Elxsi 制造外围卡和控制器，而 Wipro 和 HCL 生产个人电脑和基于 UNIX 的迷你电脑。但在 20 世纪 90 年代的自由化中，本地制造很难和知名的进口品牌竞争。例如，Wipro 公司，其决定利用现有的技能为需要相似技术的公司工作，其中包括英特尔和康柏（Hari，2001）。另一类是专门提供软件服务而成长起来的公司。对它们来说，转向嵌入式系统的动机小部分是为了短期的财务收益，更多是从长远来看获得技术合法性的一种尝试。

　　如果某些大软件服务商没有必要的背景，一些新起的企业就会出现在细分领域以吸引芯片厂商，就像得克萨斯仪器（TI）去了班加罗尔那里。这些新起的企业包括班加罗尔的 Ittiam Systems 公司，它 2004 年被《国际数据信号处理专业调查》评为数据信号处理 IP 最优先的全球供应商（Krishnadas，2004）。新兴企业的出现不仅仅是因为新的市场机会，或者因为企业本身的规模没有为服务提供任何优势；更关键的是，它可以选择最正确的那类人，即鼓励企业家承担风险。在许多情况下，创业者是那些不仅拥有多年设计经验的归国者，更是经常出现在全球销售和营销市场上的企业家。之前这类经验的缺乏抑制了土生土长的企业新起和风险资本家的利益（Krishnadas，2003b）。

第五节　总结：来自"金字塔底端"的创新驱动

服务化、信息化和创新模型

　　尽管自 20 世纪 90 年代初，印度已是一个有吸引力的离岸地点，但外界对其如研发活动之类的高端功能的前景表示怀疑。联合国贸易和发展会议（UNCTAD）把印度在 1995 年和 2001 年的国家创新能力指数排在了世界倒数第三（UNCTAD，2005）。然而，印度已成为一个备受青睐的研发设施的目的地。印度宣称 2005 年的研发项目中有一半用于亚太地区（IBM-BLI，2006）。通过对研发设施的性质检验才解开了这个明显的悖论；因此它们把目标越来越多地放在"金字塔底层"（BOP）市场。"金字塔底层"（BOP）市场指的是估计有四十亿消费者，其中大部分居住在发展中国家，收入最低的市场。根据 C.K.Prahalad（2006）的说法，它们是一个潜在的巨大的尚未开发的市场，其中大部分人有自己特定的消费产品。

随着先进工业化经济体市场的成熟，"金字塔底端"（BOP）市场对寻求替代增长的跨国公司极具吸引力。但它们在进入 BOP 市场时面临着诸多挑战，不熟悉的操作条件、基础设施不足、语言的多样性、承受能力都意味着对"领导"用户的度量未起作用。虽然早期的文献研究生产了用户交互（Lundvall，1998）和用户主导的创新（von Hippel，2005），但最近关于发展中国家的研究强调市场知识的重要性，只能在本地生成。Donner（2008）通过文献调查发现，在发展中国家，手机市场的快速增长凸显了日常使用的技术占有文化的具体方式（Rabin Patra et al.，2009）。通过分析发现，为什么迄今为止大多数发展中国家为自己建立低成本计算设备所付出的努力，我们发现结果只不过是"偶尔廉价的计算机"和有限的接受度。根据对印度农村教室的观察，它们从跟踪努力为何失败到专注于单一用户模型。它们提倡共享计算模式不仅是为了降低设备成本，也是因为学习作为一个群体活动是文化嵌入的。

正是在这种背景下，印度成为一个有吸引力的跨国公司实验室。首先，印度对需求识别的基础设施需求不足，发达国家的研究人员很难设计技术解决方案，并将其转化为产品。其次，印度巨大的、贫瘠的，但社会和多元的文化环境可作为在其他国家会面临的相似环境的一个实验室。最后，在 BOP 市场生成的产品和服务的应用程序，结合技术的可用性，使印度成为独特的研发地点。20 世纪 90 年代后期，越来越坚定地实施印度国家发展议程中阐述的"信息授权"推动了这些优势。在供应方面，1999 年的新电信政策强调提供一个"世界级"的电信基础设施，将信息作为社会经济发展的关键（印度政府报告，1999）。这表明，在可能的情况下，公共电话亭可以转换为 ISDN 服务具有多媒体功能的公共信息中心、远程数据库存取、政府和社区信息系统，等等。在需求方面，由 90 年代中期发起的，一项使公民获得政府文件信息权利（RIT）的运动导致了该国 RTI 法案的诞生。因此，如休利特帕卡德公司、微软和西门子等公司在班加罗尔设立了研发中心，专门解决 BOP 市场。

其中的一个例子是惠普的介入，从 2002 年到 2006 年，在安得拉邦的 Kuppam 区，300000 人口中的一半生活在贫困之中。惠普参与该项目，创造"公私合作伙伴关系，通过技术的应用加快经济发展的同时，开拓了新市场、开发了新产品和服务"（Dunn and Yamashita，2003：48）。HP 的产品，如电脑、扫描仪、打印机和剩下的大多数印度人买不起的 Kuppam，一个学习实验室，通过探测潜在问题和转移对创新过程的理解来更好地洞悉客户需求（ibid.：50）。在 Kuppam，惠普开发了一种便于携带的太阳能数码相机与小型打印机。这是给妇女自助团体设计的，以帮助她们通过社交活动或给有需要的地方拍照来获取收入。惠普将 Kuppam 区方面的努力视为"灯塔项目"，以指导在印度和其他地方后续产品的开发。

进入 BOP 市场的兴趣不仅仅是为未开发的世界服务。事实上，一部分作为对 BOP 市场需求响应的创新和产品开发可以出口，这也帮助一些公司在发达国家确定了新的世界市场。例子包括由通用电气设计的，穷人能负担得起的 X 射线系统，具有超高的精确度；ATM 机，由花旗银行开发使用指纹识别系统，本意是为不识字的贫民窟居民设计的；低成本的手机，由摩托罗拉开发，具有更长的电池寿命和假设文盲用户；HP 在印度开发的个人电脑，使用汽车电池来解决电力不足的问题。因此，尽管印度的贫困和文盲是一种羞愧和不应该被忽视的问题，但是由于该国进入软件和服务行业的国际分工，它们意外地转变为创新的源泉。

参考文献

Ahluwalia，I. J.（1985）*Industrial Growth in India：Stagnation Since the Mid-Sixties*，New York：Oxford University Press.

Alarcon，R.（1998）"The Migrants of the Information Age：Foreign Born Engineers and Scientists and Regional Development in Silicon Valley," unpublished Ph.D. dissertation，University of California，Berkeley.

All India Council for Technical Education（AICTE）（1999）*Reshaping Post-graduate Education and Research in Engineering and Technology*，New Delhi：

服务化、信息化和创新模型

AICTE.

Arora, A. and Asundi, J. (1999) *Quality Certification and the Economics of Contract Software Development: A Study of the Indian Software Industry*, working paper 7260, Cambridge, MA: National Bureau of Economic Research.

Bhuyan, R. (2002) *Chipping in*, online, available at http: www.dqindia.com/content/search/showarticle.asp? arid=39564&way=search (accessed October 25, 2009).

Donner, J. (2008) "Research Approaches to Mobile Use in the Developing World: A Review of the Literature," *The Information Society*, 24: 140–159.

Dunn, D. and Yamashita, K. (2003) "Microcapitalism and the Megacorporatism," *Harvard Business Review*, 81 (8): 46–54.

Economist, The (2003) "Spending on Information Technology: Some Like it Cold," October 4: 62.

Economist, The (2002) "High-tech companies: IT grows up," August 24: 45.

Economist, The (1985) "The world on the line: Telecommunications, a survey," November 23.

Evans, P. B. (1995) *Embedded Autonomy: States and Industrial Transformation*, Princeton, NJ: Princeton University Press.

Fineman, M. (1991) "India's new middle class finds home in Bangalore," *The Los Angeles Times*, December 17.

Giridharadas, A. (2007) "An Online Revolution Reaches India's Poor: Glaring Poverty Prompts Innovation," *International Herald Tribune*, October 11.

Government of India (1999) "New Telecom Policy 1999." New Delhi: Department of Telecommunications, Government of India.

Grieco, J. M. (1984) *Between Dependency and Autonomy: India's Experience with the International Computer Industry*, Berkeley and Los Angeles: University of California Press.

Harding, E. U. (1989) "India: After IBM's Exit, an Industry Arose," *Software Magazine*, 9 (14): 48–54.

Hari, P. (2003) "Embedded technology: The crossover," *Business World*,

April 14: 28–32.

Hari, P. (2001) "Indian software version 2.0," *Business World*, August 27: 28–36.

Hari, P. and Anand, M. (2002) "Chip's of the block," *Business World*, March 18: 34–41.

Heeks, R. (1996) *India's Software Industry: State Policy, Liberalisation and Industrial Development*, New Delhi: Sage Publications.

Henderson, J. (1989) *The Globalisation of High Technology Production: Society, Space and Semiconductors in the Restructuring of the Modern World*, London: Routledge.

IBM Global Business Services Plan Location International (IBM–BLI) (2006) *Global Trends in Location Selection: Final Results for 2005*, online, available at http://www-935.ibm.com/services/de/bcs/pdf/2006/gild_annual_results_2005.pdf (accessed 19 June 2012).

IDG (International Data Group) (2001) *India's Silicon Valley lures foreign companies*, *online*, available at http://www.industrystandard.com/article/0, 1902, 27396, 00.html (accessed October 25, 2009).

Jones, C. (1998) "Bad Days for Software," *IEEE Spectrum*, 35 (9): 47–52.

Kanavi, S. (2004) "Coming of age," *Business India*, February 16–29: 55–58.

Koch, K. (1998) "High–Tech Labor Shortage," *CQ Researcher*, 8 (16): 361–384.

Krishnadas, K. C. (2004) *India's Ittiam named top DSP IP provider*, online, available at http://www.eetimes.com/showArticle.jhtml? articleID =54200821 (accessed October 25, 2009).

Krishnadas, K. C. (2003a) *India's design centers buck economy's trend*, online, available at http://www.eetimes.com/article/showArticle.jhtml? articleId=18308 505 (accessed October 25, 2009).

Krishnadas, K. C. (2003b) *Indian EEs show you can go home again*, online, available at http://www.eetimes.com/article/showArticle.jhtml? articleId =18309505 (accessed October 25, 2009).

Krishnadas, K. C. (2000) *India readies laws to protect IC designs*, online, available at http: //www.eedesign.com/article/showArticle.jhtml? articleId =17405970 (accessed October 25, 2009).

Kumar, V. R. (2003) *Touching base*, online, available at http: //www.blonet. com/ew/2003/07/02/stories/2003070200070100.htm (accessed October 25, 2009).

Lakha, S. (1990) "Growth of Computer Software Industry in India," *Economic and Political Weekly*, 25 (1): 49–56.

Lee, E. A. (2000) "What's Ahead for Embedded Software?" *IEEE Computer*, 33 (9): 18–26.

Lundvall, B.A. (1988) "Innovation as an interactive process: From user–producer interaction to the national system of innovation," in G. Dosi, C. Freeman, R. Nelson, G. Silverberg, and L. Soete (eds.) *Technical Change and Economic Theory*, London: Pinter Publishers.

Martin, G. and Schirrneister, F. (2002) "A Design Chain for Embedded Systems," *IEEE Computer*, 35 (3): 100–103.

Mathews, J. A. and Cho, D–S. (2000) *Tiger Technology: The Creation of a Semiconductor Industry in East Asia*, New York: Cambridge University Press.

Menon, R. K. (2003) *IC design houses swing into high gear*, online, available at http: //economictimes.indiatimes.com/articleshow/331891.cms (accessed October 25, 2009).

Ministry of Finance (various years) "Union Budget" and "Economic Survey," Ministry of Finance, Government of India, online, available at http: //indiabudget. nic.in (accessed October 25, 2009).

Nair, C. (1999) *Cadence inks multi–year pacts with Indian design house*, online, available at http: //www.eetimes.com/article/shiwArticle.jhtml? articleId=18303 272 (accessed October 25, 2009).

National Association of Software and Service Companies (NASSCOM) (various years) *Indian IT Software and Services Directory*, New Delhi: NASSCOM.

Nilekani, N. M. (2006) "In Asia: The CEO of Infosys on Obstacles to Innovation in China and India," *Business Week*, 4002: 36.

Oman, C. (ed.). (1996) *Policy Reform in India*, Paris: OECD.

Parthasarathy, B. (2004) "India's Silicon Valley or Silicon Valley's India?: Socially Embedding the Computer Software Industry in Bangalore," *International Journal of Urban and Regional Research*, 28 (3): 664–685.

Parthasarathy, B. (2000) "Globalization and Agglomeration in Newly Industrializing Countries: The State and the Information Technology Industry in Bangalore, India," unpublished Ph.D.dissertation, University of California, Berkeley.

Patra, R., Pal, J., Nedevschi, S., Plausche, M., and Pawar, U. S. (2009) "The Case of the Occasionally Cheap Computer; Low–cost Devices and Classrooms in the Developing World," *Information Technologies and International Development*, 5 (1): 49–64.

Prahalad, C. K. (2006) *The fortune at the bottom of the economic pyramid: eradicating poverty through profits*, Upper Saddle River, NJ: Wharton School Publishing.

Rao, R. L. R. (1995) "Second wave of software investments to flow into Bangalore," *Economic Times*, May 10.

Saxenian, A. (1994) *Regional Advantage: Culture and Competition in Silicon Valley and Route 128*, Cambridge, MA: Harvard University Press.

Schwittay, A. (2008) "A Living Lab': Corporate Delivery of ICTs in Rural India," *Science, Technology and Society*, 13 (2): 275–309.

Sen, R (1994) "Software Exports from India: A Systemic Analysis," *Electronics Information and Planning*, 22 (2): 55–63.

Sims, D. (1994) "Motorola Self–assesses at Level 5," *IEEE Software*, 11 (2): 92.

Singh, S. (2003) *India calling*, online, available at http: www.business–worldindia.com/Nov1003/coverstory02.asp (accessed October 25, 2009).

Sridharan, E. (1996) *The Political Economy of Industrial Promotion: Indian,*

服务化、信息化和创新模型

Brazilian and Korean Electronics in Comparative Perspective 1969–1994, Westport, CT: Praeger.

Srinivas, A. and Jayashankar, M. (2002) "Hard times, hard lessons: The new software solutions," *Business World*, February 25: 24–29.

Subramanian, C. R. (1992) *India and the Computer: A Study of Planned Development*, New Delhi: Oxford University Press.

United Nations Conference on Trade and Development (UNCTAD) (2005) *World Investment Report –Transnational Corporations and the Internationalisation of R&D*, New York and Geneva: United Nations.

US Department of Homeland Security (DHS) (various years) *Yearbook of Immigration Statistics*, online, available at http://www.dhs.gov/files/statistics/publications/yearbook.shtm (accessed October 25, 2009).

von Hippel, E. (2005) *Democratizing Innovation.* Cambridge, MA: MIT Press.

Wolf, W. (2002) "What is Embedded Computing?" *IEEE Computer*, 35 (1): 136–137.

——基于动态能力观

Pavan Soni

第一节 引 言

印度的信息技术（IT）产业，包括信息技术服务（ITES）和商业流程外包（BPO），它们对印度的外汇储备、就业机会的创造以及该国在全球景观中的声誉做出了重大贡献。该行业在全球 IT 离岸和外包服务市场中占据了超过 55% 的份额，为国际企业提供了成本效益和有价值的技术人才基础，帮助它们依次实现了规模扩张。在 2011 年（财年），该行业产值增长至 881 亿美元，IT 软件和服务行业（不包括硬件）的收入达到 761 亿美元。在此期间，该行业直接创造的就业机会达到近 250 万人，新增员工 24 万人，间接创造的就业机会 830 万人，这使得印度成为最大的雇主之一。在印度的国内生产总值中，该行业的贡献从 1998 财年的 1.2% 上升至 2011 财年的 6.4%。占印度出口总额（商品和服务）的比例由 1998 年的低于 4% 增长为 2011 年的 26%（NASSCOM，2011）。可见，这个相对年轻的行业是多么重要。

这个行业在过去 40 年的发展中，已经出现了几个流程的创新，突破了产品和商业模式的创新。发展的进程可能归功于 1991 年印度经济自由化的主要趋势，该趋势促使全球化、国有企业私有化和印度政府允许外国跨国公司（MNCs）在该国建立自己的单位，导致了急需技术的转让并创造了就业机会（Balakrishnan，2011）。再加上印度现有的技术实力，技术教育的早期投入，低廉的生活成本，与美国 12 小时的时差以及即将发生的"Y2K 问题"，这些优势创造了印度在全球 IT 景观中的地位。

到 2020 年该行业有可能实现 225 亿美元的收入，但如果持续存在的问题未能及时解决的话，这一机遇的一部分将面临风险（Mittal，2009）。这些问题将在本文后面进行详细的讨论，其中包括基础设施、劳动质量、印度不断上升的经商成本，替代离岸地点的出现，美国市场严格的劳动法和技术发展趋势。这些新情况需要重新印证印度 IT 公司的能力，而其中一个确定的驱动因素是创新。

本文将评估印度主要信息技术公司为保持相关性，在塑造其能力并建立较新的能力方面的做法。这里重点关注的是大型公司，因为它们对印度经济的增长和就业量的扩大有重大影响，并拥有为未来增长定基调的能力。

第二节　印度 IT 行业的战略性评估

战略理论的存在要比印度 IT 产业久远得多。其中"资源观"强调一个公司独特的优势源于它所拥有的"有价值的""稀缺的""不可模仿的"和"不可替代的"（VRIN）资源。但这一理论不能完全解释印度 IT 行业的兴起。动态能力是公司"整合、构建和重新配置内部和外部能力，以应对快速变化的环境的能力"（Teece et al.，1997）。"Y2K 问题"就是一个例子，印度专业的软件人员要及时有效地掌握技术技能，跨越成千上万个系统的数百万应用程序，解决一个个令人困惑的问题。

表 6.1 从 VRIN 的角度描述了印度 IT 产业的战略优势。但由于竞争加剧，出现了替代外包地点以及在印度开展业务成本的增加，因此大部分的资源和能力都无法实现。

相反，动态能力的进一步发展，探究了企业如何通过保留企业家的适应性，以更好地置身于快速变化的环境中。这需要一种能力来"感知和塑造机会和威

服务化、信息化和创新模型

胁，从而抓住机遇和动态能力，并通过加强、组合、保护和在必要时重新配置企业的无形和有形资产来保持竞争力"（Teece，2007）。

表 6.1　VRIN 评估的来源和印度 IT 行业的能力值

标准	来源和能力值（参考性的）
价值性	● 受过培训，说英语的劳动力 ● 成本优势 ● 政府政策（如免税期） ● 对跨国公司经营的吸收能力 ● 组织弹性
稀有性	● 项目管理技巧 ● 移居人口对知识库的补充 ● 在硅谷和美国技术行业的印度人员
独特性	● 与美国市场 12 个小时的时差 ● 充满活力的国内市场 ● 技术机构
非替代性	● 更高等的教育机构（印度的科技与管理机构） ● 大型 IT 公司的临界质量 ● 人才建立投资

　　如表 6.1 所示，印度 IT 行业的关键资源有：大量受过技术培训的、说英语的劳动力；低成本优势，归因于印度较低的生活成本；时区优势；一个相对稳定的政治环境；可获得的自然资源；良好的政府政策。这些资源可以由在印度有一定规模的印度 IT 公司和外国跨国公司获得。获得这些资源后，创造经济利益需要采取三种广泛定义的竞争战略之一；即低成本领导、差异化或集中化（Porter，1998）。在最初的阶段（1990~2000 年），多数印度公司都采用成本领先的策略，利用印度潜在资本的固有低成本和卢比—美元汇率来套利。在 50 年前，关于受过大学教育的员工劳动成本，印度在 16 个潜在离岸服务国家中是最低的（约为美国成本的 12%，按小时计算）。印度毕业生的工作时间最长，平均每年为 2350 小时，而美国为 1900 小时，德国为 1700 小时（Farrell et al.，2005）。然而，多年来这种成本优势已经耗尽，随着印度生活成本的增加（主要是由于可支配收入增加），职业机会的扩大，劳动力的分散和现有人才实用性的限制都加剧了成本的上涨。在印度，新兴经济中只有 13% 的劳动力适合为跨国公司工作。印度工程类毕业生的人数为 25%，波兰和匈牙利为 50%（Farrell et al.，2005）。此外，印度拟议的基础设施发展主要局限于 9 个城市，这些城市对印度出口和发展的贡献

达到95%以上，较小的二级和三级城市尚未按计划开始（Mittal，2009）。在需求方面，由于美国政府推出的一系列措施，如 H-1B 和 L-1 签证的费用增加，以及像俄亥俄州这样的州禁止印度人为它们提供离岸工作，使得印度 IT 公司的成本状况变得很糟。

除去成本上涨和人才稀缺的内生挑战，还有两个主要的趋势正在削弱印度作为首选离岸服务地点的优势。它们分别是地理/人口的趋势和技术趋势。首先，在拉丁美洲、东欧、东南亚出现的低成本替代地对印度在全球外包市场中的份额有严重的威胁。更别说，这些替代地对客户的所在地来说具有文化相似性、语言能力和地理位置相近等特点。据观察，来自拉丁美洲国家的威胁尤其明显，如巴西、墨西哥、智利、哥伦比亚、哥斯达黎加和秘鲁。一份来自 IDC 拉丁美洲 ITC 研究和咨询小组的研究表明，预计到2011年拉丁美洲的 IT 服务市场份额将达到9.2%，产值达213亿美元；仅外包市场将增长11.5%（Mittal，2009）。

第二大趋势是技术。随着云计算、社交计算和移动性等技术的大量采用，技术价值链越来越受到破坏并变得分散，大型 IT 客户现在通过与开发人员的友好合作或者通过更新软件开发和交付模型来满足他们的服务需求已变得越来越经济和方便。复杂的模式如"众包"，其中分散的开发人员社区为寻求者创造了解决方案，这些技术在经济衰退时期进一步加剧，几位首席信息官（CIOs）严重削减了 IT 预算。这些趋势使 IT 服务公司从根本上重新思考其价值主张。

来自地理/人口和技术的两大力量加剧了来自替代品的威胁，提高了客户的议价能力（Porter，1998）。客户现在不需要将离岸的工作交到遥远的印度，因为他们有相似的靠近岸边的选择或采用"众包"的方式。同样，以前与印度 IT 服务公司合作的 SAP，Oracle 和 IBM 等产品供应商现在已经成为替代品，它们在探索提供和维护 IT 应用程序的新方法，例如"软件即服务"（SaaS）模式。

除非印度 IT 行业能创新地解决成本上涨、外包替代地的出现以及技术中断的关键问题，否则低成本的领导地位将导致死亡螺旋。印度 IT 行业未来的成功可能在于能够从低成本项目服务供应商（Balakrishnan，2011）转型为差异化的处理者。除了新兴企业外，大多数大型印度 IT 公司的业务战略可以归类为"后卫"，或者最多可归类为"分析器"（Miles and Snow，1978）。惯性、长期合同、现有资源投资（主要是人才）和地理优势，已不允许印度企业采用"探矿者"的

服务化、信息化和创新模型

经营策略。

以下部分将讨论印度 IT 公司采用的大胆方法，以便通过扩大和利用其动态能力来制定差异化战略。

第三节　利用动态能力

成功的创新者是双向的，即他们能平衡地利用现有能力，并探索未来的增长受益（Tushman and O'Reilly，1996）。长期以来印度 IT 公司一直在利用其当前的能力，反过来又依行业确定目前企业的规模和定位。然而，如今行业面临着收益逐渐减少的状况。以下文字介绍了行业中的主要企业为继续建设能力和探索未来增长受益而进行的关键创新投资。每项战略行动都有案例证据，并得到研究证实。这些是间断平衡的实例，其中长时间的逐步变化由于大量的迂回而被周期性地中断。这些中断是主要的商业模式转型、技术变化和不连续的流程变化的形式（见表 6.2）。

表 6.2　三种动态能力的建立和印度 IT 企业的相关表现

建立动态能力	印度 IT 企业的表现
感知和塑造机会与危机	系统创新管理项目
抓紧机会和动态能力	探索新的商业模式
必要时，通过增强、结合、保持和重新配置有形和无形资产来保持竞争力	持续性和"绿色"商业实践
	对知识产权的投资
	接受开放创新
	人才供应链管理

一、系统创新管理方案

从 2000 年开始，一些较大的印度 IT 企业开始认真投入以建立一个系统的创新计划，可在公司内部创造新的产品、服务以及技术能力。Wipro Technologies 是第一个在 Wipro 成立首届一指的首席技术官（CFO）办公室的行业移动者之一（Soni，2009），CFO 致力于在全球指挥中心，EcoEnergy 和任务 10X 等产品、服务、流程和业务模式等方面创建多项中、大型的创新产品。这些内部创新管理功能随后与 Wipro 的咨询服务相结合，为大型客户提供创新咨询。另一个这样的计划是印孚瑟斯的软件工程和技术实验室（SETLabs）。这个拥有 600 名成员的团队承担着研究、创新和共同创造的责任，领导了印孚瑟斯公司的知识产权（IP）开发和商业化。超过 1.5% 的收入作为研发支出，SETLabs 不仅能帮助印孚瑟斯进行新产品和流程的创新，还与新兴技术的客户共同创建技术解决方案（Infosys，2011）。该公司的目标是将其业务的 1/3 转为所谓的"转型 IT 交易"，以帮助客户改变其业务的基本面。令人惊喜的是，印孚瑟斯在世界上最具创意的同类产品中排名第 15（Forbes，2011）。这些内部创新计划使印度 IT 企业能够提高其吸收能力，即识别、吸收和应用相关知识的能力，从而更好地准备利用新兴技术（Cohen and Levinthal，1990）。

二、探索新的商业模式

该行业长期以来利用全球交付模式或现场离岸模式，将资源分布在现场和离岸位置，实现成本效益的交付和全天候的正常运行。这一模式很快就被世界上其他企业复制，随着跨国公司在印度设立了自己的专属中心，在职人士失去了优势。此外，人们普遍认识到，基于员工计费的线性模型会导致这些公司将来没有太多的竞争力，因此需要非线性的增长模型。印度企业正在尝试通过商业模式创新来探索更新的项目交付方式。

商业模式包括两个要素：价值主张和经营模式，前者由目标部分、产品和收入模式组成，后者则以价值链、成本模式和组织为特征（Lindgardt，2009）。印度 IT 公司进行的大多数实验都涉及更新的成本模式、组织和价值链。

早期的尝试之一就是 Wipro Technologies 通过采用"工厂模型"的交付方式，让制造车间并入软件开发和交付中（Upton and Virginia，2005）。印度的 IT 企业采用了其他一些有效的商业模式：基于平台的 BPO，共享服务，托管服务和 SaaS 等。这些业务中介的创新基于三个核心原则：将消费（空间或时间）一代消除，探索更新的客户计费方式（结果，应用程序，功能或基于流程），并尽可能

服务化、信息化和创新模型

实现自动化。其他受欢迎的交付模式利用位置，如"近岸模式"或将现场和离岸交付形式组合。

根据客户的舒适程度，相对成本的构成，交付服务水平协议和合同条款，企业探索了采用这些模式的不同程度。

三、知识产权投资

摆脱服务行业滞后的线性范式的主要策略之一是开发 IP 和可重复使用的资产。研究表明，印度 IT 公司研发支出的增加与 IT 和软件行业平均出口海外盈余水平显著上升有关（Majumdar，2010）。印度 IT 公司在过程创新与产品技术创新之间发生了明显的转变。虽然印度 IT 公司提交的大多数专利在美国和欧洲的阿根廷，但印度专利局的专利活动有所增加。在 2009 年和 2010 年，印度 IT 公司在欧洲专利局和美国专利商标局的专利数量已经增长了 20%以上（NASSCOM，2011）。印度三大 IT 资讯公司（由市值计算），塔塔咨询服务公司（TCS）、印孚瑟斯和 Wipro，在 2011 年关闭了二百多项专利，这一数字在十年期几乎是两位数。所有这些公司现在都有一个熟练的功能，可以研究和利用由自己公司拥有的或与客户和业务伙伴一起创建的专利。这些知识产权服务于许可证收入和服务产品化的双重目的，从而消除了从投入的资源（主要是人力）中赚取的收入。例如，TCS 预计其从非线性服务中获得的 1/10 的销售额——可以使收入和利润不受雇用的编码员或后台支持代理人人数的限制。

四、开放创新

开放创新是一种新兴的范例，假设企业可以而且应该利用外部观念和内部观念，内部和外部的市场路径推动技术发展（Chesbrough，2003）。印度的主要 IT 公司已经有三种开放创新的途径：即与产品供应商（围绕主要软件产品共同创建 IP）；与客户（围绕独特的问题进行联合知识产权开发）；与有利可图的产品/服务供应商（通过股权投资或联合上市方式）。该行业开拓创新的领导者之一是 TCS。通过其联合创新网络（COIN）系统和大约 19 个"创新实验室"，TCS 利用包括学术机构、初创企业、风险基金、战略性联盟合作伙伴、多边组织和关键客户组建了活动网络。特别值得注意的是，TCS 与超过 700 家初创企业建立联盟，通过这些公司的销售和交付渠道将其解决方案推向市场（TCS，2011）。这种开放式的创新网络不仅可以提高企业的敏捷性以应对行业趋势和客户需求，也有助于企业不用花费巨大的投资去拓展区域、发展技术。

五、可持续发展和"绿色"商业实例

未来，只有实现可持续发展目标的企业才能实现竞争优势，因为它可以降低成本并增加收入（Nidumolu et al.，2009）。印度 IT 行业很早就认识到这个事实，并大力投资可持续发展措施，这不仅是为了内部运营，也是为了提供服务。Wipro 成为印度第一家从可持续发展的角度、自愿并正式地报告和披露其活动的IT 公司。对可持续发展的承诺不仅使公司在碳披露领先指数中名列前茅，而且还在 2011 年被纳入了著名的道琼斯可持续发展世界指数（Wipro，2010）。这种对可持续工作的内部催化推动全面而综合的可持续解决方案组合出现，现在由Wipro 的新业务 Wipro Eco-Energy 提供。随着全球企业意识到可持续发展的必要性，早期投入实践可持续发展和创造可持续发展解决方案的印度 IT 企业如今能够适应潮流。这意味着外包市场在 IT 之外的份额将会增加。

六、人才供应链管理

适当的人才可用性已被确定为限制行业发展的瓶颈之一。为解决人才问题，企业采取了三管齐下的策略。一是去技能化任务，从而减少熟练人才的雇用；二是确保内部培训和人才开发的大力投入；三是人工任务的自动化。在创新的方面尽可能地去技能化，并在供应链上培养人才。完成去技能化的任务需要组装线和分工技术，分解软件开发和交付任务，并将其重新分配给低成本、合理合格的人才。这意味着合格和昂贵的工程师不需要执行所有任务，一些任务可以由科学毕业生或其他低端人才执行。Wipro 软件卓越学院（WASE）项目是对这一方向的投资。在科学方面，学生可以在与 Wipro 合作的同时完成硕士学位。类似的举措包括 TCS 的 Ignite 计划，印孚瑟斯的校园连接和来自 Wipro 的 Mission 10X，以及专注于在供应链早期丰富人才的其他计划（Aggarwal，2009）。这些举措加上技术采用，如可重复使用的组件、半自动化任务和众包，确保了对现有人才更好地利用和更快地获得新人才的机会。

除了上述的战略举措外，还有一些值得注意的趋势。第一，诸如 TCS、Wipro、Infosys 和 Cognizant 等大型企业正在将价值链上升到技术和业务咨询服务，这有助于获得客户更大份额的 IT /业务外包预算，并在 CIO 之外与其他利益相关方建立信誉。第二，通过建立更多的邻近客户位置并利用新兴经济体的低成本优势，大多数大型印度 IT 公司正在通过有机和无机手段在拉丁美洲和东欧国家建立基地。这在某种程度上有助于接受替代品的风险并解决客户的议价能力等问题。第三，大型 IT 公司巨大的溢出效应导致内生软件和服务公司的创建。人才的流动性、一个充满活力的因素市场，诸如云计算、社交计算和移动性等新兴技术的出现以及印度在外包市场上的强势品牌，使得更多的企业能够迅速将其业务全球化。这些较新的公司反过来使整个海外市场充满活力，并帮助更大型的公司在更大范围内获得人才和技术能力。

第四节　讨论和未来的研究

本章从动态能力观对印度 IT 行业的战略进行了分析。它从行业的角度对印度 IT 产业（包括 ITES 和 BPO）的现状阐述了看法，并解释了其增长的障碍。这些内生和外生的挑战需要认真处理，以发挥其对经济发展和创造就业的真正潜力。

以战略管理观为基础，本章进一步采用"动态能力"知识体系来评估行业，通过投资创新来应对挑战。基于企业感知，抓住和转变这三个方面的动态能力，本章讨论了接下来的战略投资方向：对系统创新管理计划的投资；探索新的商业模式；可持续发展和绿色商业实践；知识产权投资；开拓创新；人才应用链管理。根据有关创新、可持续发展、研发、专利和战略等方面的文献，我们讨论了能力建设和转型审批。还涉及其他关键趋势，如价值链上游移动、地域扩张、创造一个充满活力的社区。本章的目的是确立以创新主导行业增长的必要，并确认企业不断重新配置能力的方式，以便在新的地理和技术现实中重新发挥重要作用。

本章背后的意图是从战略视角观察印度 IT 行业的发展和未来，特别是从动态能力来看。本章将作者作为实践者的观点融入印度 IT 行业的工作，以及现有的战略管理文献中。由于这个行业的活力和规模，目前的工作还留有很多领域有待探索。首先，本文仅针对大型印度 IT 公司，并没有谈论新兴软件产品与服务公司和初创企业的策略。由于核心僵化程度较低，这些新公司将会追求值得研究的新策略。其次，本书没有采取实证检验的方法研究各种策略与企业层面回报之间的联系，它依赖于现有的文献和案例证据。这为知识产权、可持续发展和资源增值等与企业的业绩和行业规模之间的定量评估留出了空间。此外，评估公司战略的案例研究方法将有助于对发现结果进行三角测量。

参考文献

Aggarwal，A.（2008）"Labor Supply in the Indian IT Industry." *Communications of the ACM*，51（12）：21–23.

Balakrishnan，A.（2011）"India's IT Industry：The End of the Beginning." *Social Research*，Spring，78（1）：1–20.

Chesbrough，H.（2003）*Open Innovation：The New Imperative for Creating and Profiting from Technology*. Boston：Harvard Business School Press.

Cohen，W. M. and Levinthal，D. A.（1990）"Absorptive Capacity：A New Perspective on Learning and Innovation." *Administrative Science Quarterly*，35（1）：128–152.

Farrell，D.，Laboissiére，M.，Pascal，R.，de Segundo，C.，Rosenfeld，J.，Stürze，S.，and Umezawa，F.（2005）"The Emerging Global Labor Market." McKinsey Global Institute report. Chicago：McKinsey & Company.

Forbes（2011）*World's Most Innovative Companies*. Online，available at http：//www.forbes.corn（accessed 14 June 2012）.

Infosys（2011）30 *Years of Infosys*. Online，available at http：//www.infosys.com（accessed 15 June 2012）.

Lindgardt，Z.，Reeves，M.，Stalk，G.，and Deimler，M.（2009）"Business Model Innovation：When the Game Gets Tough，Change the Game." Stockholm：Boston Consulting Group.

Majumdar, S. (2010) "Innovation Capability and Globalization Propensity in India's IT and Software Industry." *Information Technologies & International Development*, 6 (4): 45–56.

Miles, R. E. and Snow, J. G. (1978) *Organization Strategy, Structure, and Process.* New York: McGraw-Hill.

Mittal, S. (2009) "Indian IT Industry: Road Ahead." *Siliconlndia*, December 1: 6–7.

National Association of Software and Services Companies (NASSCOM) (2011) *The IT-BPO Sector in India-NASSCOMStrategic Review.* Online, available at http: //www.nasscom.in (accessed 10 June 2012).

Nidumolu, R., Prahalad C. K., and Rangaswami M. R. (2009) "Why Sustainability is Now the Key Driver of Innovation." *Harvard Business Review*, 87 (September): 57–64.

Porter, M. E. (1998) *Competitive Strategy: Techniques for Analyzing Industries and Competitors.* New York: Simon and Schuster.

Soni, P. (2009) "Innovation Evangelism at Wipro Technologies." *International Journal of Innovation Science*, 1 (3): 113–114.

Tata Consultancy Services (TCS) (2011) *Co-Innovation Network (COIN): Synergies in the Innovation Space.* Online, available at http: //www.tcs.com (accessed 15 June 2012).

Teece, D. J. (2007) "Explicating Dynamic Capabilities: The Nature and Micro-foundations of (Sustainable) Enterprise Performance." *Strategic Management Journal*, 28 (13): 1319–1350.

Teece, D. J., Pisano, G., and Shuen, A. (1997) "Dynamic Capabilities and Strategic Management." *Strategic Management Journal*, 18 (7): 509–533.

Tushman, M. L. and O'Reilly, C. A. (1996) "The Ambidextrous Organization: Managing Evolutionary and Revolutionary Change." *California Management Review*, 38: 1–23.

Upton, D. M. and Virginia, A. F. (2005) *Wipro Technologies: The Factory*

Model. Boston: Harvard Business School.

Wipro (2010) *Wipro Sustainability Report 2009 – 10.* Online, available at http: //www.wipro.corn (accessed 16 June 2012).

——生产率分析和培训的影响

Naoko Shinkai

第一节 引 言

2000 年之后，若干全球经济危机冲击了世界经济。最近的一个是 2007 年在美国发生的次贷危机。与此同时，信息技术（IT）产业是南亚在 21 世纪早期的出口领导产业之一。图 7.1~图 7.5 展示了对亚洲 IT 产业的比较分析。尽管大部分的 IT 服务进口主要各受全球经济危机影响的国家支配，但 2000 年以后南亚地区 IT 出口的增长率依然强劲。然而，南亚 IT 行业的成功与否也因国家而异，如图 7.2 所示。在孟加拉国，信息技术服务出口在 2007 年暴跌。尽管 2008 年经济有所复苏，但是 IT 服务出口的增长率并不如以前。另外，印度是 IT 行业的领先国家，这可以从南亚 IT 服务出口总额中的出口规模看出，如图 7.1 所示。在全球市场的离岸 IT 服务方面，印度占据了一半以上的份额，在 IT 服务（ITES）市场中，其份额在 2007 年达到 40%，其次是加拿大和菲律宾（Sudan et al.，2010）。总体而言，截至 2007 年，世界顶尖的 IT 企业每年约增长 12%。在南亚，IT 服务出口的平均增长率为 25% 左右。

虽然出口份额的大小相当不同，但一些信息技术指标，如 IT 服务出口的年增长率（见图 7.2），移动和固定电话用户比例（见图 7.3）以及拥有个人电脑的

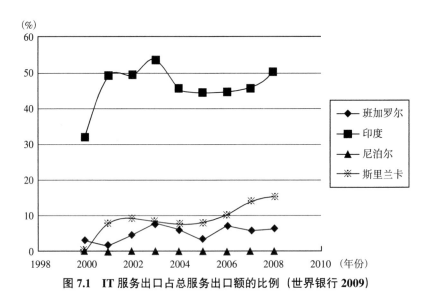

图 7.1 IT 服务出口占总服务出口额的比例（世界银行 2009）

图 7.2 IT 出口的增长率（以 2005 美元数为基准）（世界银行 2009）

比例（见图 7.4）都表明，孟加拉国和印度自 2005 年以来变得非常相似。从这个意义来上说，孟加拉国在南亚信息技术部门中发挥着重要的作用。不过，IT 行业对全球金融危机的反应似乎在孟加拉国和印度有所不同。Banji Oyelaran-Oyeyinka 和 Kaushalesh Lal（2006）的研究表明，在印度、尼日利亚和乌干达的 IT 行业的中小企业（SME）发展中，技术的采用和学习与创新有所不同。Lal

（2007）分析了影响全球化对中美洲、印度（诺伊达地区）和尼日利亚的 IT 中小企业的影响，并展示了人力资源开发和财政支持的重要性。

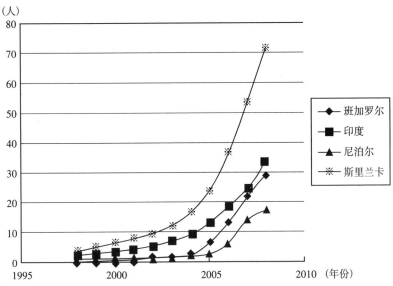

图 7.3 移动和固定电话用户（每 100 人）（世界银行 2009）

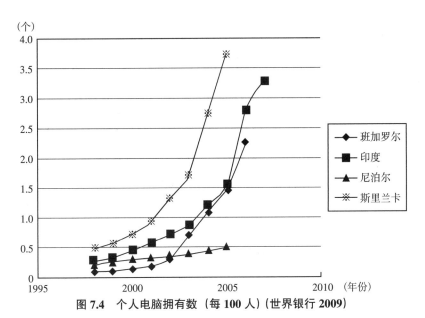

图 7.4 个人电脑拥有数（每 100 人）（世界银行 2009）

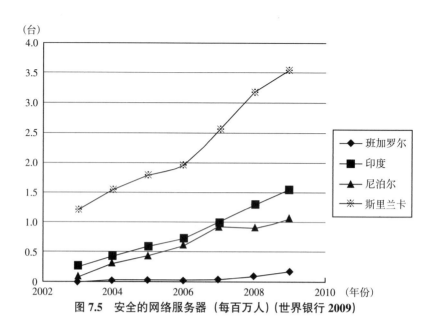

图 7.5 安全的网络服务器（每百万人）(世界银行 2009)

表 7.1 印度 IT 部门中小型企业的销售增长率

单位：%

年份		模型 <10	小型 10~49	中型 50~99	大型 >100
2008~2009	班加罗尔	21.574	23.544	21.793	18.354
	观测值	5	46	13	30
	古尔冈和诺伊达	8.539	7.698	8.309	
	观测值	5	71	24	
2007~2008	班加罗尔	19.037	22.716	21.638	17.093
		5	46	13	30
	古尔冈和诺伊达	19.740	20.004	20.061	
		5	71	24	
2006~2007	班加罗尔	21.735	20.196	29.407	20.087
		5	45	13	30
	古尔冈和诺伊达	56.355	57.440	5.495	
		5	71	24	

表7.2 印度 IT 部门中小型企业的净利润增长率

单位：%

年份		模型 <10	小型 10~49	中型 50~99	大型 >100
2009	班加罗尔	9.509	14.418	15.244	17.878
	观测值	5	49	13	30
	古尔冈和诺伊达	23.489	23.437	23.083	
	观测值	5	71	24	
2008	班加罗尔	7.655	11.732	12.504	14.329
		5	48	13	30
	古尔冈和诺伊达	27.477	26.948	26.299	
		5	71	24	
2007	班加罗尔	7.963	11.842	12.732	14.112
		5	46	13	30
	古尔冈和诺伊达	25.387	23.622	23.275	
		5	71	24	
2006	班加罗尔	8.224	11.818	12.043	15.078
		5	46	13	30
	古尔冈和诺伊达	18.714	18.964	18.505	
		5	71	24	

表7.3 印度 IT 部门中小型企业工程师人数的增长率

单位：%

年份		模型 <10	小型 10~49	中型 50~99	大型 >100
2008~2009	班加罗尔	0	12.757	12.445	11.096
	观测值	5	49	13	30
	古尔冈和诺伊达	−3.333	−4.039	−0.157	
	观测值	5	71	24	
2007~2008	班加罗尔	20	14.631	11.853	11.330
		5	48	13	30
	古尔冈和诺伊达	30.667	21.273	13.883	
		5	71	24	

续表

年份		模型 <10	小型 10~49	中型 50~99	大型 >100
2006~2007	班加罗尔	13.333	23.387	20.397	16.799
		5	46	13	30
	古尔冈和诺伊达	0	10.146	10.795	
		5	71	24	

为了调查在全球经济危机时期 IT 行业绩效与策略差异，2009 年和 2010 年分别在班加拉邦和印度对 IT 企业进行抽样调查。大多数样本是中小企业，因为经济危机对中小企业的影响大于对大企业的影响。本研究样本中大部分中小企业也可以根据现有 IT 公司的分布情况进行解释。我们选择主要的 IT 集群进行抽样调查—孟加拉国达卡、印度班加罗尔和首都新德里地区（古尔冈和诺伊达），以了解两国 IT 企业的情况。

接下来，根据调研的数据，我们将探究全球经济衰退如何影响南亚的中小企业。

一、全球金融危机的影响

表 7.1 比较了印度工厂部门的中小型企业在经济衰退之前、期间和之后销售的增长率。总体而言，尽管印度 IT 产业的增长率在此次危机之后并没有下降很多，但似乎古尔冈和诺伊达的中小企业受到了负面影响。2006 年至 2009 年，这些中小企业销售额的增长率随着时间的推移而下降。但在班加罗尔，销售额的增长率并没有随时间推移下降太多。根据员工人数将企业分为四组：①微型（<10），②小型（10~49），③中型（50~99），④大型（>100），所有这些不同规模的企业都拥有强劲的增长率。相反，大型企业的增长率有所放缓，尽管数额不大。基于我们的样本数据，如表 7.2 所示，在孟加拉国，几乎所有的中小企业都受到了这一危机的负面影响（Shinkai and Hossain，2011）。而在印度，危机的影响不因企业规模而不同，而是因地理位置。

接下来，为了更密切地观察企业绩效，我们将研究利润率。

服务化、信息化和创新模型

二、利润率

毛利率，由利润占销售收入的比例得到，如表 7.2 所示。古尔冈和诺伊达的中小企业的利润率非常稳定，并随着时间有所增加。在这一区域差距不大。而在班加罗尔，2007 年至 2008 年利润率小幅下降。如表中所示的另一个结果表明，企业的规模越大，利润率越高。在孟加拉国，2008 年大多数企业的利润率较之前年份相比大幅上涨。在古尔冈和诺伊达，同样发现了这一趋势。

另一个重要的发现是，在班加罗尔的利润率总体上要低于古尔冈和诺伊达。此外，大型公司的利润率最高。看来班加罗尔的企业在更具竞争力的商业环境中运作。这里的公司在业界已经有一段时间并超过了 15 年，而古尔冈和诺伊达的大多数公司在业内经营了 6 年或 11 年。这些公司的年龄峰值有点像孟加拉国的 IT 公司，通常是 5 年和 8 年。一个在古尔冈和诺伊达的企业与在孟加拉国的不同之处是 2008 年的利润率。在孟加拉国的企业利润率明显下降。比如，微型企业和大型企业的利润率几乎是之前年份的一半。而在古尔冈和诺伊达，同年的企业利润率并未受到危机太大的影响。鉴于古尔冈和诺伊达公司的销售增长率下降，可以认为它们调整了投入以降低成本。

在表 7.3 中，展示了通过企业规模决定的工程师增长率来比较这一时期劳动力成本的变动情况。

根据表 7.3，在这一段经济的困难时期，古尔冈和诺伊达的中小企业通过降低工程师的数量来应对销售额的下降。另外，班加罗尔的中小企业在这段时间里不断招聘更多的工程师，尽管工程师人数的增长速度与较难的时期相比有所减少。在 2009 年，班加罗尔的中小企业的销售额和利润率的增长都有所改善。然而，古尔冈和诺伊达的中小企业的销售额和利润率都有所增长，这个比例相对停滞在低水平。就孟加拉国而言，2006 年和 2007 年中小企业的工程师占比下降。尽管如此，大公司在困难时期仍保持了它们的工程师份额。当通过主要活动分析销售增长率和利润率时，可以看到孟加拉国的地理信息系统（GIS）和业务流程外包（BPO）的销售额，比 2007 年至 2008 年增长了近三倍。另外，在 2007~2008 年间，印度新德里首都地区 IT 企业的利润率几乎同样下降，这包括地理信息系统（GIS）和业务流程外包（BPO）。这可能是因为印度 IT 企业更能融入全球的价值链（Hossain et al.，2012）。

全球金融危机对中小企业业绩的影响是由销售额和利润率所衡量的，这与对南亚国家的分析有所不同。在孟加拉国、古尔冈和诺伊达，中小企业克服困难时期的企业战略相似。班加罗尔中小企业战略的独特之处在于人力资源的开发计划，这也在一定程度上反映出市场上工程师的可用性。

为了进一步调查后一点，现在对劳动力市场的一些特点进行回顾。

三、劳动力市场的特征

正如上文所述，在班加罗尔，中小型企业在整个经济衰退期间不断增加工程师的人数。经济危机爆发后，这一区域销售额恢复得相对较快。古尔冈和诺伊达的情况却恰恰相反，其销售额增长率处于停滞状态。企业采用的不同战略可能与劳动力市场的环境有关。表7.4和表7.5比较了劳动力市场的特征。

表 7.4　印度的工程师和非工程师的平均月工资（按区域）

单位：美元

工程师的平均工资（2009 年印度占比）			
	观测值	均值	标准差
中小型企业			
古尔冈和诺伊达	100	26050	4506.729
班加罗尔	62	23077.96	8861.139
大型>100			
班加罗尔	25	35333.33	10690.84
工程师的平均工资（销售额和管理）(2009 年印度占比）			
	观测值	均值	标准差
中小型企业			
古尔冈和诺伊达	100	17620	3259.113
班加罗尔	61	10691.26	2926.07
大型>100			
班加罗尔	28	12821.43	3661.593

表 7.5　工程师和非工程师专业经验的平均程度（按年份）

单位：美元

工程师的平均经验			
	观测值	均值	标准差
中小型企业			
古尔冈和诺伊达	100	11.300	3.986
班加罗尔	68	3.493	1.408
大型>100			
班加罗尔	26	4.000	1.720
非工程师的平均经验			
	观测值	均值	标准差
中小型企业			
古尔冈和诺伊达	100	18.950	3.147
班加罗尔	56	4.089	2.134
大型>100			
班加罗尔	29	4.552	3.236

年轻的工程师的薪资相对较低，但是他们会尽可能地寻找更好的机会。因此，可用的年轻工程师在运营成本方面是有利的，但是在投资成本方面却不太有利。

接下来，对这两个地区的流失率进行研究，以说明劳动力市场的状况。这里考虑的消耗率是 2009 年财政年度全职工程师和非工程师的流失率的数据。可以发现，班加罗尔的工程师的流失率高于非工程师，而班加罗尔的流失率高于古尔冈和诺伊达（见表 7.6）。班加罗尔小型企业的工程师的流失率最高，达到 22.5%，而古尔冈和诺伊达的微型企业的非工程师的流失率为 3.8%。在孟加拉国，IT 行业中小企业宣布的与人力资本相关问题中所占比例最大的部分是"频繁的工作转换"，占 38.1%（Shinkai and Hossain，2011）。公司可以通过增加员工的薪酬、晋升或培训来克服这种"工作转换"。前两个选项是激励计划。这些选择与企业绩效间接联系，其效果将是短暂的。同时，这两种选择都会对企业产生直接成本。最后一个选择适用于员工的技能发展，与企业绩效直接相关。随着此选择的投入升级，效果可能会持续。

表 7.6　2009 年工程师和非工程师的流失率

单位：%

	微型 <10	小型 10~49	中型 50~99	大型 >100
工程师				
班加罗尔	12.500	22.500	17.917	19.333
观测值	4	44	12	27
古尔冈和诺伊达	9.800	9.549	8.583	
观测值	5	71	24	
非工程师				
班加罗尔	9	16.467	12.583	16.080
观测值	2	30	12	25
古尔冈和诺伊达	3.8	4.23	4	
观测值	5	71	24	

　　培训可以直接提升劳动投入，从而对企业绩效产生积极的影响。不过，有些公司进行培训，有的公司没有培训。培训可能涉及企业的成本，这种成本可能超过或不超过收益。因此，企业可能会利用公司以外的现有培训课程（如果有的话）进行培训，如果雇用这些工人比内部培训便宜，那么最终会选择使用在劳动力市场上受过训练的工人。从某种意义上来说，内部培训将会更好，这种培训可能涉及企业特定的技能，从而提高企业的绩效。培训也可以用来赶超全球趋势，促使企业在经济衰退期间的竞争中存活下来。

　　内部培训可分为两类：正式的和非正式的培训。在本文中，通过研究内部正式培训对企业绩效的影响，特别是对 IT 行业中小企业的生产力的影响，以揭示中小企业在全球金融危机中对 IT 行业培训的作用。

第二节　培训的效果

　　通过培训可以提高劳工的技能。这蕴含了两个主要的影响：训练有素的工人将通过改善成果而积累更多的技能和获得更高的工资；受过训练的工人可以通过升级技能为企业做出更多的贡献。劳动经济学家在培训回报的背景下广泛验证了第一个影响（Bartel，1995；Frazis and Loewenstein，2005）。第二个影响在最近开始被研究。Ann Bartel（1989，1994）根据 Cobb-Douglas 函数观察了正规培训对美国制造业的劳动生产率的影响，并发现了培训对劳动生产率有显著和积极的影响。Alan Barrett 和 Philip O'Connell（2001）研究了爱尔兰制造业、建筑业和私人服务公司生产率的一般培训和特定培训对企业活动的影响。他们发现了企业的一般培训而不是特定（专业）的培训对企业的生产力增长有重大而积极的影响。Mei Hsu 和 Been-Lon Chen（2000）发现，中国台湾的员工培训支出、出口强度和外商直接投资都是通过外资股进行衡量的，这对中小企业的劳动生产率有正面和显著的影响，但不适用于大型企业。事实证明，在这种情况下，接受培训的员工的生产效应并不重要。Sandra Black 和 Lisa Lynch（1996，2001）研究了各种工作场所实践、信息技术和人力资本投资对美国制造业企业生产力的影响。研究证明，在这种情况下，接受培训对雇员生产力的影响并不重要。Benoit Dosite 和 Matie-Pierre Pelletier（2007）发现，正式培训的效果比非正式培训（对加拿大选择偏倚纠正的制造业企业）的贡献更大。Christopher Erickson 和 Sanford Jacoby（2003）通过对管理者社交网络与培训的关系进行调查后发现二者呈正相关（基于加州工作场所调查）。他们还发现社会网络对企业的优良绩效有积极的作用。

　　总的来说，在这些研究中，正式培训对企业生产力的影响主要表现为积极的，但在某些情况下，效果是不明确的。同时，在较早的文献中，主要考虑的是不同行业的制造业企业。本章探讨了服务业培训的效果。服务业属于劳动密集型产业，培训可以成为提高企业在市场上的生产力和竞争力的主要策略之一。服务业的另一个特点是每个部门的劳动力都是专业化的，很难为各行业提供一般的培训。印度的 IT 行业体现了服务业的上述特点。在本章中，对 IT 行业正式培训对企业生产力的影响进行了调查。此外，进一步分析了调查的两个假设：培训对具体技能的影响是非常积极的，这是通过与供应商捆绑的培训来衡量的；在工程师的流失率不高和工程师不易找到其他就业机会的地方，培训的效果会更强。

　　为了研究这些问题，接下来对 IT 行业受访企业的培训情况进行探讨。

在调查中，我们询问了企业是否为提高工程师的技术提供正式的培训课程，以了解具体培训的效果。在正式的培训课程中，课程分为内部培训课程和供应商培训课程。表 7.7 和表 7.8 列出了自己或供应商提供内部培训课程的公司的百分比。

表 7.7　为工程师提供国际培训课程的公司百分比

	观测值	均值	标准差
中小企业			
古尔冈和诺伊达	100	0.600	0.492
班加罗尔	71	0.507	0.504
大型>100			
班加罗尔	29	0.621	0.494

表 7.8　由供应商为工程师提供培训课程的公司百分比

	观测值	均值	标准差
中小企业			
古尔冈和诺伊达	100	0.240	0.429
班加罗尔	71	0.225	0.421
大型>100			
班加罗尔	29	0.448	0.506

虽然一半的公司位于两个 IT 集群区域：①古尔冈和诺伊达；②班加罗尔为工程师提供培训课程，而近一半的公司没有。在班加罗尔提供正式内部培训课程的中小企业比例比古尔冈和诺伊达小。这些训练课程由供应商提供。如表 7.8 所示，这种类型的培训似乎在大型企业中很受欢迎，但在中小企业中似乎并不多。后一种类型的培训涉及更多的具体技能，可以根据供应商的需要来选择。因此，若培训的回报能够超过其成本，供应商便会提供培训课程。当然，如果供应商能够从一种规模经济或在一个地区获益，也是符合这种情况的。当市场饱和时，商机很稀缺。因此，大公司可能有更多的机会接受供应商的培训课程。也可以认为，当中小企业与供应商签订合同时，中小型企业已经有了一定的关于供应商所需技能的知识。鉴于出口服务的规模可能不会太大，中小型企业的定制调配并不

是那么昂贵。因此，供应商可能不愿为中小企业提供具体的培训课程。

　　然而，关于更一般的内部培训课程，为什么一些公司提供内部培训，而其他的一些没有，这一问题仍未得到回答。由于公司必须支付内部培训课程的费用，所以它们不会进行课程培训，除非课程的回报能超过成本。在信息技术领域，知识密集型、人力资本开发对维持增长至关重要。然而，在经济衰退中，无论是否进行技能开发都是一个困难的决定，因为培训涉及成本。因此只有那些能够克服成本问题并能够预期足够的培训回报的公司才能开展培训课程。这是很自然的事情。然而，在困难的经济时期，培训的回报并不是很明确的。

　　为了阐明这一点，在下一节中，针对 IT 公司通过生产率来调查正式培训对企业业绩的影响。

第三节　估　计

　　在上一节中，提供正规培训课程的公司的百分比是根据我们对印度知识密集型 IT 行业在班加罗尔、古尔冈和诺伊达两个集群进行抽样调查得出的。培训课程由基于技能开发和内部培训的课程组成，通过供应商提供更具体的培训课程。参加两门培训课程的均为工程师。在为工程师提供内部培训课程的中小企业的百分比方面，区域差异似乎并不大。本节将研究当经济衰退时，基于回归模型，技术工人正式培训对知识密集型行业企业生产力的影响。

一、模型说明

　　用于估计的模型是基于 Bartel（1989）提出的模型，这一模型已经被广泛用于研究以测量培训的效果。

$$Q/E = AK^{\alpha}(EL)^{\beta}/E = AK^{\alpha}E^{\beta-1}(1+t)^{\beta} \tag{1}$$

　　其中，Q 是产量，K 是资本量，EL 是有效劳动，E 是工人数量，t 是工人接受的培训量。

　　在本章，主要考虑工程师接受的正式培训。因此，上述等式可以变形为如下形式：

$$EL = EL^e + EL^{ne} \tag{2}$$

$$= E^e (1 + t^e) \left(1 + \frac{EL^{ne}}{EL^e} \right) \tag{3}$$

$$Q/E^e = AK^\alpha E^{e\,\beta-1} (1 + t^e)^\beta \left(1 + \frac{EL^{ne}}{EL^e} \right)^\beta \tag{4}$$

$$\ln\left(\frac{Q}{E^e} \right) = (\ln A + 2\beta + \emptyset) + \alpha \ln K + (\beta - 1) \ln E^e + \beta t^e + \beta \left(\frac{E^{ne}}{E^e} \right) \tag{5}$$

其中，EL^e、EL^{ne}、E^e、E^{ne}、t^e、t^{ne} 分别是工程师的有效劳动、非工程师的有效劳动、雇用的工程师数量、雇用的非工程师的数量、工程师接受培训的数量和非工程师接受培训的数量。

方程（5）用于两个 IT 集群在企业层面上的估计，以调查正式培训对工程师的影响。我们的调查是在 2010 年进行的，所有的财务数据都是基于 2009 财政年度。这是对 200 家企业横截面的观察，包括班加罗尔的 100 家公司，古尔冈的 50 家公司和诺伊达的 50 家公司。

"每名工程师的销售额"用 Q/E^e 表示，"资本支出"为 K，"雇用的工程师数量"为 E^e，"非工程师的数量与工程师的数量之比"为 E^{ne}/E^e。对于培训变量，基于调查准备了两个指标：TR 为"企业是否在本年度内为工程师技能开发提供正式的内部培训"，ST 为"企业是否为工程师提供了由供应商出资的培训课程"。

二、估计结果

表 7.9 展示了方程（5）的估计结果。由于可使用的大型企业数量的短缺，估计中只包含中小型企业。其他公司特征加入该模型作为控制变量，比如"印度软件科技区成员（STPI）"，"成立年份小于 10 年"，"ln（CEO 经历）"，"ln（CEO 经历）的平方"，和"工程师的流失率"。然而，它们都不显著。

首先，通过观察这些区域中的 lnK 和 lnE^e 的系数，我们发现了显著的差异。班加罗尔的公司比古尔冈和诺伊达的资本密集程度更高。班加罗尔的 lnK 系数约为 0.674 到 0.694，古尔冈和诺伊达的系数分别为 0.135 和 0.155。这就意味着工程师们在企业的表现中扮演重要角色，尤其是在古尔冈和诺伊达。

关于培训变量的系数都是积极的。然而，只有在古尔冈和诺伊达公司的回归

服务化、信息化和创新模型

表 7.9 模式的估计结果

相关系数	班加罗尔		古尔冈和诺伊达		班加罗尔	
	相关系数	t 值	相关系数	t 值	相关系数	t 值
ln（资本）	0.693508**	7.1	0.134838	1.4	0.674079**	6.23
ln（工程师）	−0.64301**	−4.25	−0.15173	−1.45	−0.59615**	−3.54
比率	0.024967	0.73	0.334849**	4.39	0.037867	0.98
培训（内部）	0.035852	0.19	0.011719	0.56	0.10507	0.5
培训（供应商）	0.17416	0.69	0.04592*	1.9	0.07893	0.29
STPI 资格	−0.17549	−0.71	−0.00199	−0.08	−0.23637	−0.91
设立期限 < 10 年	−0.41281**	−2.13	0.022738	1.06	−0.53165**	−2.44
ln（经验）	0.894146	0.66	0.22135	0.36	1.34713	0.92
ln（经验）**2	−0.1987	−0.75	−0.03584	−0.35	−0.30908*	−1.07
流失率（工程师）					−0.1966	−0.23
常数项	0.993621	0.57	1.13664	1.27	0.661674	0.36
观测值	60		100		53	
R^n	0.558		0.3311		0.5643	

相关系数	古尔冈和诺伊达		班加罗尔（样本选择）		班加罗尔（样本选择，z 值）	
	相关系数	t 值	相关系数	t 值	相关系数	t 值
ln（资本）	0.15514	1.65	0.71389**	3.09	0.689218*	2.25
ln（工程师）	−0.18389**	−1.68	−0.71057*	−1.89	−0.69697	−1.35
比率	0.317279**	4.05	0.029599	0.4	0.045474	0.46
培训（内部）	0.009908	0.47	0.24551	0.4	0.355135	0.45
培训（供应商）	0.044592*	1.86	0.24132	0.39	0.167654	0.21
STPI 资格	−0.0003	−0.01	−0.11271	−0.19	−0.17401	−0.23
设立期限<10 年	0.024421	1.13	−0.4519	−0.92	−0.62337	−0.94
ln（经验）	0.22874	0.37	0.409348	0.11	0.594598	0.13
ln（经验）**2	−0.03725	−0.36	−0.04946	−0.07	−0.09046	−0.09
流失率（工程师）	−1.16397	−1			−0.20847	−0.08
常数项	1.245977	1.38	1.394694	0.31	1.44674	0.25
观测值	100		61		55	
R^n	0.3385		12.06 Chi-2		7.42* Chi-2	

注：*、** 分别表示在 10%、5% 的水平上统计显著。

中，这些系数特别是供应商的培训系数才是显著的。

关于其他控制变量，班加罗尔"成立年限小于 10 年"的系数显著为负。其他变量的系数，如"首席执行官的经验"，"首席执行官的经验平方"和"工程师的损耗率"都有如预期的那样；然而，它们都不显著。

对于班加罗尔的公司来说，有可能提供培训的公司会受到经济衰退影响的倾向，因为这些公司有策略来聘请更多的工程师和内部培训。为了纠正可能由这种可能性引起的内生性偏差，第一阶段选择的自变量，如"ln（工程师数量）"，"工程师的平均经历"，"ln（CEO 的经历）"和"ln（CEO 经历）的平方"。结果呈现在表 7.9 中。虽然所有的培训系数都比原来的估计模型大，但都没有显著性。

为了解决与培训有关的其他问题，进一步调查市场存在的区域差异，下一个被评估的是企业承认的地区优势。表 7.10 显示了我们调查的企业对两个 IT 集群各个方面表达的主观意见。由于是主观观点，所以这些数据要小心使用。即便如此，还是存在明显的差异。就获得人才的途径而言，古尔冈和诺伊达近 30% 的企业分数达到了 10，而班加罗尔的企业只有 7。这可以归咎于工程师劳动力市场的条件。由于工程师有很多流动的机会，班加罗尔的公司似乎很难重新招聘到工程师，相反，在古尔冈和诺伊达公司招聘可能并不困难。我们还发现了存在于"在市场中所占的时间/成本""与金融机构接触的途径"和"交通"等方面的差异。班加罗尔的公司在"在市场中所占的时间/成本""与金融机构接触的途径"两方面取得了更高的分数。而在古尔冈和诺伊达的公司认为"交通很便利"。如表中所示，每一个 IT 集群都有它们独特的优势和劣势。在未来，通过采用克服劣势和发扬优势的策略，印度的中小型 IT 企业会呈现出稳定的增长。关于培训问题，班加罗尔可能必须提出解决方案，例如在区域层面进行更专业性的培训，其成本不仅可以由个别中小企业负担，还可以由员工和大型行业机构分担，以保持行业在衰退中的高度增长。

表 7.10　中小企业独特的区位优势（按地区）

区位优势 时间/市场成本（%）		获得人才的途径 10=非常优秀；1=非常清楚	
班加罗尔	古尔冈和诺伊达	班加罗尔	古尔冈和诺伊达
10	24	10	30

区位优势 时间/市场成本（%）			获得人才的途径 10=非常优秀；1=非常清楚		
班加罗尔		古尔冈和诺伊达	班加罗尔		古尔冈和诺伊达
9	41	22	9	14.08	20
8	35	17	8	30.99	50
7		17	7	39.44	
6		15	6	8.45	
			5	1.41	
			4	4.23	

与金融机构的货物途径			运输		
班加罗尔		古尔冈和诺伊达	班加罗尔		古尔冈和诺伊达
10	28.17	3	10		29
9	14.08	19	9		43
8	28.17	31	8		27
7	7.04	3	7	21.13	1
6	8.45	2	6	25.35	
5	8.45		5	14.08	
			4	25.35	
			3	5.63	
			2	1.41	
			1	7.04	

第四节　结　论

　　本文回顾了南亚 IT 产业面临的环境，重点关注了孟加拉国和印度。首先我们发现，在全球经济危机的挑战中，基于不同的管理策略，IT 企业做出了不同的反应。班加罗尔的企业继续雇用工程师以保持竞争力，尽管它们的销售增长率出现了轻微的下滑。古尔冈和诺伊达的企业减少了工程师的数量以保持其销售增长率和利润率。在孟加拉国，企业的反应与班加罗尔的相似，但由于经济危机给销售额带来的损失比班级罗尔的更大。

其次，探讨了培训对企业绩效的影响。正如前文所述，因为 IT 产业是技术密集型行业，所以升级劳动投入的作用很大，比如对工程师的正式培训。然而，在近期的经济衰退中，这一效果可能不太明显。本文根据对印度 IT 行业中小企业的原始调查，在基于生产功能的企业生产率估算框架下，对这一效应进行了调查。IT 中小企业的区位差异在这一估计中又一次表现了出来。班加罗尔的企业比在古尔冈和诺伊达的更加具有资本密集性。而在古尔冈和诺伊达，劳动投入对企业生产率有重要作用，因此提供培训在此有更为显著和积极的效应。在班加罗尔，对工程师的培训可能不会像他们期望的那样为企业的生产力做出贡献。这可以部分解释班加罗尔现有的工程师相对年轻，并在寻找其他机会获取行业经验的现象。另一个可能的原因是班加罗尔的工程师可能已经在专业大学（印度理工学院，印度信息技术学院等）或该地区的理工学院积累了各种水平和技术所需的技能。因此，额外的培训，特别是基于公司层面的一般培训并没有太大的价值。所以，可以进行不同类型的培训，使培训的特点能够提高工程师在劳动力市场中的收益并超过其成本。此外，为了保持信息技术产业的不断发展，可能更需要更易获得的、针对特定技能的全区域培训计划。

参考文献

Barrett, A. and O'Connell, P. J. (2001) "Does Training Generally Work? The Returns to In-Company Training," *Industrial and Labor Relations Review*, 54 (3): 647-62.

Bartel, A. (1995) "Training, Wage Growth, and Job Performance: Evidence from a Company Database," *Journal of Labor Economics*, 13 (3): 401-25.

Bartel, A. (1994) "Productivity Gains from the Implementation of Employee Training Programs," *Industrial Relations*, 33 (4): 411-25.

Bartel, A. (1989) "Formal Employee Training Programs and Their Impact on Labor Productivity: Evidence from a Human Resources Survey," NBER Working Paper No. 3026, Cambridge, MA, pp. 1-37.

Black, S. E. and Lynch, L. M. (1996) "Human Capital Investments and Pro-

服务化、信息化和创新模型

ductivity," *American Economic Review*, 86 (2): 263–67.

Black, S. E. and Lynch, L. M. (2001) "How to Compete: The Impact of Workplace Practices and Information Technology on Productivity," *The Review of Economics and Statistics*, 83 (3): 434–445.

Dostie, B. and Pelletier, M.–R (2007) "Les Rendements de la Formation en Entreprise" ("Return to Training of Firms") , *Canadian Public Policy/Analyse de Politiques*, 33 (1): 21–40.

Erickson, C. L. and Jacoby, S. M. (2003) "The Effect of Employer Networks on Workplace Innovation and Training," *Industrial and Labor Relations Review*, 56 (2): 203–223.

Frazis, H. and Loewenstein, M. A. (2005) "Re –examining the Returns to Training, Functional Form, Magnitude, and Interpretation," *The Journal of Human Resources*, 40 (2): 453–476.

Hossain, M., Shinkai, N., Yunus, M., and Bakht, Z. (2012) "Integration of IT industries and its impact on market access and trade: The case of Bangladesh and India," in S. H.Rahman, S. Khatri, and H.–P. Brunner (eds.) , *Regional Integration and Economic Development in South Asia*, Cheltenham: Edward Elgar Publishing Limited, pp. 100–164.

Hsu, M. and Chen, B.–L. (2000) "Labor Productivity of Small and Large Manufacturing Firms: The Case of Taiwan," *Contemporary Economic Policy*, 18 (3): 270–283.

Lal, K. (2007) *Information and Communication Technologies in the Context of Globalization, Evidence from Developing Countries*, New York: Palgrave Macmillan.

Oyelaran –Oyeyinka, B. and Lal, K. (2006) *SMEs and New Technologies, Learning E–Business and Development*, New York: Palgrave Macmillan.

Shinkai, N. and Hossain, M. (2011) "Productivity and Performance of IT Sector in Bangladesh: Evidence from the Firm Level Data," *Bangladesh Development Studies*, ⅩⅩⅩⅣ (2): 1–22.

Sudan, R., Ayers, S., Dongier, P., Muente–Kunigami, A., and Qiang, C.

Z.-W. (2010) *The Global Opportunity in IT-Based Services, Assessing and Enhancing Country Competitiveness*, Washington, DC: World Bank.

The World Bank (2009) "World Development Indicators" (IT service exports; total service exports; mobile and fixed-line phone subscribers; personal computers per 100 people; secure Internet servers per 1 million people in Bangladesh, India, Nepal, and Sri Lanka from the late 1990s to 2009), World Bank database, available at http: //databank.worldbank.org/ (accessed in August 2011).

服务化、信息化和创新模型

印度IT行业的集群和能力发展的类型 第八章
——基于中国的分析框架和实证研究

Norio Tokumaru

第一节 引 言

尽管世界经济停滞不前，但印度的信息技术（IT）行业都保持着高速增长；2011年，不含硬件的IT和业务流程外包（BPO）行业出口同比增长16.3%，其国内销售额同比增长16.7%。作为工程师薪酬上涨的结果之一，印度的IT行业越来越难以作为劳动密集型、廉价成本IT服务的提供者以保持其增长。换句话说，某种形式的业务升级是不可避免的，这包括任何形式的创新。此外，随着亚洲经济正成为世界经济重心的中心，我们很容易预计到印度的IT行业将从偏远的国外市场的离岸开发中心转变为接近不断增长的新兴市场的发展中心。这种转型需要区域创新体系的升级（Cooke，2001）以及区域创新体系的组织能力（Athereye，2005）。本章的目的是根据原始调查数据，研究班加罗尔、古尔冈和诺伊达的IT集群在结构上如何变化，尽管这些集群的功能是一致的，但只有在班加罗尔的发展成了一个可以支持个别企业创新工作的集群。

回顾印度IT行业强劲的出口导向，其发展可被称为"飞地形式"（D'Costa，2006，2009）的"广泛和线性的增长"，从某种意义上说，其创新学习机会有限，因为它与拥有众多潜在学习机会的国内市场相脱离（Parthasarathy，2005）。印度

IT 行业的出口导向性质使得国内互动较弱（Chaminade and Vang，2008），而与外国代理人的互动更为密集（Vijayabaskar and Krishnaswany，2004；Taganas and Kaul，2006；Okada，2010；D'Costa，2009；Sonderegger and Täube，2010）。同时，考虑到该行业环境状况的预期变化，预期发展的方式也会发生变化。例如，Balaji Parthasarathy 和 Yuko Aoyama（2006）认为，由于"互联网泡沫"的爆发，代理商之间的横向互动已经出现在班加罗尔的集群中，正是他们的存在使得集群升级。Aya Okada（2008）也注意到企业的注意力也转移到具有更高附加值的活动中，如嵌入式软件/技术。基于以上分析，本文探讨了印度 IT 集群中代理商之间的互动性质发生变化的程度，以及这些变化的互动与集群中企业竞争优势的关系。

企业内部组织能力的发展也已成为研究人员关注的重点。高水平的员工流动率和不断上涨的薪资已经成为人力资源事项中最令人担忧的问题（Agrawal et al.，2012；Kuruvilla and Ranganathan，2008）。虽然企业已经尝试采用"组装线"的方法进行软件开发，其中工程师们"简单地组装'预制'的软件"（Upadhya，2009），但是对于这样的人员，自由和工作自由决定权是非常重要的，所以保留人才变得越来越难（Parthasarathy and Aoyama，2006）。此外，由于薪水不断增加，越来越难进行成本竞争，企业通过差异化其产品或服务来发展企业特定的组织能力以进行竞争（Athreye，2005）。换句话说，他们的竞争优势更多地基于"动态能力"（Teece，2007）而不仅是静态的成本优势。在本文中，我们探究了在印度 IT 集群中的企业利用人力资本管理措施来发展组织能力的程度，以及它们如何为企业的竞争优势做出贡献。

本文的结构如下：第二部分在构建框架后进行分析，在第三部分中介绍并描述了我们的问卷调查获得的数据。在第四、第五部分中分析了企业的竞争优势、代理人之间的相互作用的性质以及印度三家 IT 集群中的企业组织能力发展之间的关系。之后，我们将总结班加罗尔不同集群的性质。

第二节 分析框架

本节构建了基于以前文献分析的框架，主要关注于创新研究。我们专注于两个关系：集群中代理间联系的性质和竞争优势的形式；公司内部组织能力发展的性质和竞争优势的形式。基于最终两种宽泛形式的竞争优势——成本和差异化优势（Porter，1985）——我们提出两个工作假设：一是将代理人之间联系的性质与组织能力发展的性质联系起来；二是将其与竞争优势的形式联系起来。

一、集群中代理人联系的性质

Michael Porter（1998）将集群定义为"在一个特定领域中相互关联的企业和相关机构在地理上接近的群体，其通过共同点和互补性相互联系"。他认为，通过集中的本地交互作用，集群可以支持在集群内各个企业的差异化努力。实际上，研究人员已经强调了知识创造中本地化的相互作用在创新过程中发挥的重要作用（von Hippel，1998；Lundvall，1992）。

Peter Maskell（2001）提供的区别方法对于区分出纵向和横向的联系是有用的。纵向联系是沿输入—输出关系建立的，横向联系就属于广义上同行业的公司。一方面，垂直联系对分工化工作有用，因为由此可获得市场的需求信息（Lundvall，1992）；另一方面，横向联系可以促进类似企业之间的差异化，因为解决问题的差异是他们学习的根源，这将导致进一步的差异化（Maskell，2001）。

总而言之，这里可以提出第一个工作假设（WH-1）：

保持其他的条件相同，如果一个集群同时具有纵向和横向的联系，这个集群可以更有效地支持各个公司的差异化努力。

二、企业内部组织能力发展的性质

虽然对产业集群的研究在很大程度上忽视了集群内部企业的组织能力发展问题，但企业内部能力发展的性质与上述集群联系的性质相辅相成。由 Wesley Cohen 和 Daniel Levinthal（1989）提出的论证，"吸收能力"需要吸收外部信息以努力创新，集群中的企业必须积累学习能力，这是他们应该具有的最重要的组织能力之一。

这里可以提出另一个工作假设（WH-2）：

一系列长期的人力资源管理实践表明，如培训和长期的就业导向，可以提高差异化的可能性，因为差异化需要公司具备特定的组织能力（Athreye，2005；Laursen and Foss，2003；Michie and Sheehan，1999）。相反，如果企业在价格方面进行竞争，那么企业就可能采用短期导向的人力资源管理策略，这是因为企业很容易对工作进行标准化以降低成本（Upadhya，2009）。

第三节　阿布方法

为检验第一部分提出的问题，我们使用的是从主要调查中获得的数据。这一项调查于 2010 年 8 月和 9 月分别在班加罗尔、古尔冈和诺伊达进行。这三个城市的目标公司是从"2010 年全印度 IT 目录"中随机选出的。数据是直接访问网站而获得的，目的是收集 100 个（班加罗尔）和 50 个（古尔冈和诺伊达）企业的回复。样本数据的详细内容如表 8.1 所展示。

表 8.1　被调研 IT 企业的总销售额、年限（样本平均）员工数量

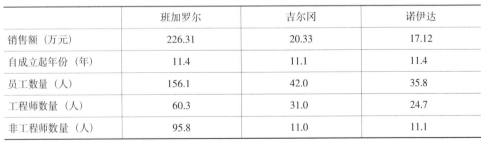

	班加罗尔	吉尔冈	诺伊达
销售额（万元）	226.31	20.33	17.12
自成立起年份（年）	11.4	11.1	11.4
员工数量（人）	156.1	42.0	35.8
工程师数量（人）	60.3	31.0	24.7
非工程师数量（人）	95.8	11.0	11.1

第四节　分　析

在本节中，我们按照上述提出的 WH-1 和 WH-2 的假设分析了调查的数据。

一、业务性质和竞争优势

如表 8.2 和表 8.3 所示，与诺伊达和古尔冈相比，班加罗尔的企业销售方向有所不同。根据表 8.2，位于诺伊达和古尔冈的企业主要专注于国内市场，而班加罗尔的企业具有更多元化的地理倾向。表 8.3 显示了班加罗尔企业按类型分类的销售额比诺伊达和古尔冈的销售额多出许多，其中大部分销售来自印度的终端用户。

表 8.2　区域销售额

单位：万元

	班加罗尔	吉尔冈	诺伊达	行业平均
印度	67	93	93.2	33.5
北美	15	5	5.1	39.1
欧洲、中东、非洲	12	0	0	20.9
亚洲太平洋区域	5	0	0	8.5
其他	1	2	1.7	5.2

表 8.3　不同类型企业的销售额

单位：人

	班加罗尔	吉尔冈	诺伊达
在印度的印度终端用户	31	93	93.6
在印度的外围终端用户	24	0	0
在国外的印度终端用户	1	0	0
在国外的国外终端用户	23	7	6.4
IT 供应商	20	0	0
其他	1	0	0

如图 8.1 所示，班加罗尔的企业比诺伊达和古尔冈的企业有更多的竞争者，其主要竞争对手是国内 IT 中小企业（SME）和大型 IT 公司。

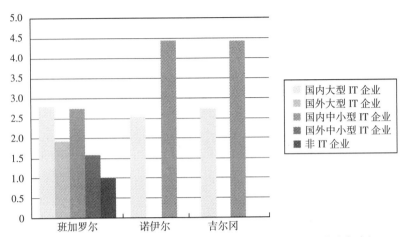

图 8.1　主要竞争对手（规模：5=非常强劲的竞争者；1=非竞争者）

图 8.2 中报告了来自其顶级客户的样本公司要求的相对实力。班加罗尔公司面临着不同重要性水平的几个要求，"质量"和"成本降低"是诺伊达和古尔冈公司面临的两个强项或高优先级的要求。还要指出的是，只有班加罗尔的企业强烈要求"分析/解决客户问题"，这反映出了与诺伊达和古尔冈相比，班加罗尔企业业务的知识密集型性质。班加罗尔的知识密集型业务在表 8.4 中也显而易见，这表明尽管质量、成本和交货（所谓"QCD"因素）等因素对诺伊达和古尔冈公

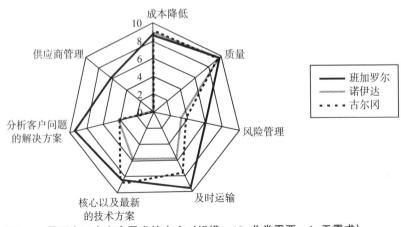

图 8.2　最顶尖三大客户需求的力度（规模：10=非常需要；1=无需求）

表 8.4 竞争边际的贡献因素（按重要性程度划分）

班加罗尔	古尔冈	诺伊达
1. 及时运输（8.95）	成本优势（9.32）	质量保证（9.46）
2. 差异化服务/产品（8.12）	质量保证（9.28）	成本优势（9.14）
3. 不同的商业模式（8.07）	及时运输（8.88）	及时运输（8.64）

注：10=非常重要，1=不重要。

司的竞争优势最为有力，但与服务/产品/业务创新相关的因素是班加罗尔企业竞争优势强大的原因之一。

二、本质和相关知识来源的竞争优势

在这里，我们来看一看如上所述的业务和创新所使用的知识的本质和来源。表 8.5 显示了创新的相关推动因素，而两个企业内部因素"自主研发投入"和"同事"是所有三个城市样本中企业创新最为重要的因素，而只有在班加罗尔，三个企业外部因素——"行业联合""同行业搭栏"和"贸易展销会"——与公司内部因素同样重要。考虑到作为创新驱动第二的重要因素，古尔冈和诺伊达企业与"客户"的关系是相对封闭的。因为在价值链内，通过比较企业与上述企业外部因素的关系，我们可以认为班加罗尔的企业采用了更为开放的创新方式，而古尔冈和诺伊达中封闭的方法占主导地位（Chesbrough，2003）。

表 8.5 创新的驱动因素（按重要性）

班加罗尔	古尔冈	诺伊达
1. 自主研发投入（8.9）	自主研发投入（9.1）	自主研发投入（9.0）
2. 同事（8.6）	客户（8.9）	客户（8.8）
3. 行业联合（8.5）	同事（4.3）	同事（4.3）
4. 同行业搭档（8.1）	贸易展销会（2.2）	贸易展销会（1.9）
5. 贸易展销会（8.1）	同行业搭档（1.9）	同行业搭档（1.8）

注：10=非常重要，1=不重要。

为了更详细地了解能力的相关组成部分，我们询问了样本公司哪种专业知识对它们的业务很重要，以及如何获得这些知识。表 8.6 和表 8.7 展示了重要的知识领域以及从中可获取的资源。从表 8.6 中我们可以清楚地看出，在三座城市中，非技术性专长——即"管理技能"和"沟通技巧"都比"高新技术专长"更为重要。就管理技能和沟通技巧而言，三个城市的企业主要从职业生涯中期雇用的员工中获得，这意味着平均来说，他们通过内部培训获得重要的专长是很困难的，比如开展职业培训，这反过来可以用来理解在这三座城市中成立的企业的初期状态。

表 8.6　特殊领域知识的价值（按重要性）

班加罗尔	古尔冈	诺伊达
1. 管理技能（9.5）	沟通技巧（8.8）	沟通技巧（8.1）
2. 沟通技巧（9.3）	管理技能（8.6）	管理技能（8.1）
3. 主要领域专长（9.0）	主要领域专长（7.2）	高新技术专长（7.8）
4. 高新技术专长（7.8）	高新技术专长（6.7）	主要领域专长（6.0）

注：10=非常重要，1=不重要。

表 8.7a　获取技能的相关方法：管理技能（按重要性）

班加罗尔	古尔冈	诺伊达
1. 员工在国外的跨国 IT 公司工作过	员工在国外的印度 IT 公司工作过	员工在国外的印度 IT 公司工作过
2. 大学教育	员工为在印度的跨国 IT 公司工作过	员工为在印度的跨国 IT 公司工作过
3. 员工为印度的非 IT 公司工作过	员工在国外的跨国 IT 公司工作过	员工在国外的跨国 IT 公司工作过

注：10=非常重要，1=不重要。

表 8.7b　获取专长的相关方法：沟通技巧（按重要性）

班加罗尔	古尔冈	诺伊达
1. 员工在印度的印度 IT 公司工作过	员工为国外的 IT 跨国公司工作过	员工为国外的 IT 跨国公司工作过
2. 员工为国外的 IT 跨国公司工作过	2. 员工为国外的 IT 跨国公司工作过	员工为印度的非 IT 公司工作过
3. 员工为印度的非 IT 公司工作过	员工为国外的 IT 跨国公司工作过	员工为国外的 IT 跨国公司工作过

注：10=非常重要，1=不重要。

总而言之，在班加罗尔的企业比它们在诺伊达和古尔冈的对手有更多开放的知识来源，这三座城市的企业都必须通过雇用职业生涯中期的员工，而不是内部培训来获得基本的能力，比如管理技能和沟通技巧。

服务化、信息化和创新模型

156

三、组织能力的发展和工程师的管理

由于与创新相关的知识最终体现在人才，特别是工程师方面，我们试图了解这三座城市的企业是如何管理工程师的。图 8.3 显示了在班加罗尔和诺伊达，工程师的表现被审查的频率。就回顾的工程师业绩而言，班加罗尔的公司显然是长期导向的，工程师每两年被审查一次，而诺伊达的公司是进行月度审查的。换句话说，工程师的工作在诺伊达的公司比在班加罗尔被更密切地监督。

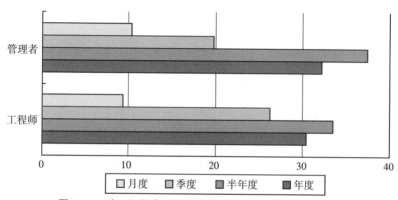

图 8.3a 对工程师表现考察的频率，班加罗尔（公司%）

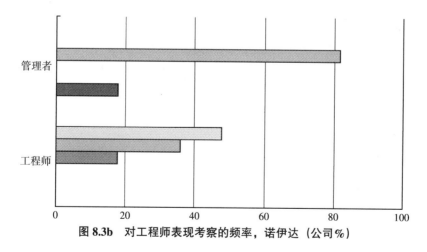

图 8.3b 对工程师表现考察的频率，诺伊达（公司%）

我们要求受访者列出两个最重要的绩效考核因素，并根据他们的相对重要性将其列为"2"和"1"。图 8.4 显示了总分。在班加罗尔的企业强调衡量工作投入的因素，如承诺和合作，而在诺伊达的公司认为输出因素（即目标成就）

是重要的。

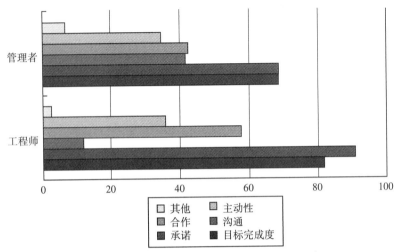

图 8.4a 表现评估因素的相对重要性，班加罗尔

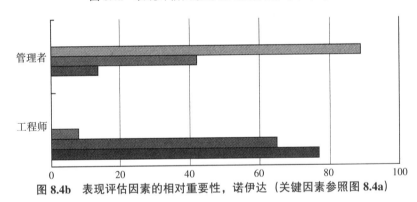

图 8.4b 表现评估因素的相对重要性，诺伊达（关键因素参照图 8.4a）

对于人员的审查和评估，我们要求受访者列出两个最重要的高绩效奖励措施，并按照相对重要性将其列为"2"和"1"。图 8.5 显示了总分，这表明短期内，诺伊达公司的工程师们都强调了一次性现金支付的货币性激励措施，如一次性的现金支付，但班加罗尔的工程师们较少强调一次性的现金支付。同时，班加罗尔公司的工程师强调更多长期的、非货币性的奖励措施，如奖金和工资的增加。

总而言之，班加罗尔的公司与诺伊达和古尔冈的公司的案例相比，具有长期导向的工程师管理体系。

服务化、信息化和创新模型

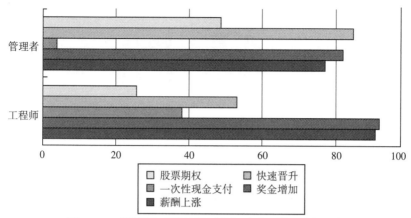

图 8.5a 对优异表现激励计划的相对重要性，班加罗尔

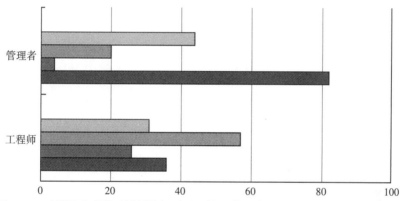

图 8.5b 对优异表现激励计划的相对重要性，诺伊达（关键计划：参照图 8.5a）

四、群体中代理间的相互作用

为了观察行业集群怎样支持企业的知识创造，我们将研究转向三座城市集群之间互动的性质。根据我们的调查，所有的企业至少可以在一定程度上从当前的位置获得优势，如表 8.8 所示。然而，处于不同位置的企业获得了不同的优势，企业把班加罗尔看成重要信息的所在地，如新技术和市场/产品的信息，诺伊达和古尔冈主要被视为获得人才和市场的地点。

作为从不同位置获得的不同优势的反映，如上所述，不同地点的企业与其所在地区的其他本地公司和组织有不同的互动。如表 8.9 所示，班加罗尔与诺伊达和古尔冈之间的对比是显著的。班加罗尔的公司与培训机构、行业协会、大学和服务人员等不同行为者之间有着各种横向的互动。相反，对于诺伊达和古尔冈的企业来说，与客户的垂直互动就其重要性占主导地位。

表 8.8　当前位置的优势（按重要性）

班加罗尔	古尔冈	诺伊达
1. 有利于获取新技术有关信息（8.6）	可获得人才（9.0）	可获得人才（9.2）
2. 有利于获取与市场/产品相关信息（8.6）	运输（9.0）	运输（9.0）
3. 可获得人才（7.8）	以市场灵敏（8.9）	以市场灵敏（8.9）

注：10=非常重要，1=不重要。

表 8.9　与当地企业机构接触的价值（按重要性）

班加罗尔	古尔冈	诺伊达
1. 客户（9.0）	客户（9.0）	客户（9.2）
2. 培训机构（8.0）	金融机构（3.5）	金融机构（3.2）
3. 行业协会（7.2）	政府（2.4）	—
4. 大学（6.9）	顾问（1.8）	—
5. 服务人员（6.9）	—	—
6. 供应商	—	—

注：10=非常重要，1=不重要。

　　总而言之，班加罗尔作为行业集群区，可以被视为重要信息流动的场所，当地代理商之间有着丰富的横向相互作用，而古尔冈和诺伊达的产业集群可以理解为有限的信息流动和有限的垂直相互作用。古尔冈和诺伊达的企业可以从集群中获得的主要优势是可以轻松地获得人才，而班加罗尔的优势是企业可以获得创新的重要信息以及人员。

第五节　讨论和结语

　　表 8.10 总结了基于工作假设 WH-1 和 WH-2 的上述分析。从表中可以看出，

服务化、信息化和创新模型

班加罗尔、古尔冈和诺伊达之间有着不同类型的集群。代理商之间互动的多样性、丰富的信息流动以及更加长期导向的人力资源管理实践，都有助于企业特定组织能力的发展，班加罗尔的集群明显支持了产品和服务的差异化。然而，在古尔冈和诺伊达，这些集群支持 QCD 的改善，代理商之间的互动和信息流有限，并且短期导向的人力资源管理实践不适合差异化。总之，我们可以将班加罗尔的集群定义为"差异化集群"，将古尔冈和诺伊达的集群列为"面向 QCD 的集群"。

表 8.10　概要

	班加罗尔	古尔冈和诺伊达
集群	伴随丰富信息流的水平和垂直方面的互动	伴随有限信息的垂直方向的互动
组织的能力发展	激励更多的长期高的	短期导向的： 1. 激励——更多货币债务 2. 评估——更多产出导向
知识和竞争性能力	更多开放的途径以获取知识产品和服务的差异化	对知识更多为封闭渠道 QCD 的改善

尽管在班加罗尔与古尔冈和诺伊达的集群都非常重要，但它们的重要性表现在不同的方面：前一种情况是，集群很重要，主要是因为它是支持个别企业知识创造的重要信息的交流场所；而在后一种情况中，集群主要是获得人才的劳动市场。

现在可以认为，班加罗尔的集群正在从第一部分先前文献中提到的面向 QCD 的集群演变为差异化集群。考虑到这一演变以及快速增长的国内 IT 市场，我们可以预计，班加罗尔的 IT 行业增长模式将逐渐改变，从面向国外市场的"广泛和线性的增长"（D'Costa，2009）转变为面向国内和新兴市场的创新型增长。

本章的重点是集群联系、组织能力发展与企业竞争优势之间的静态关系。从 QCD 导向的集群到差异化集群变化的动态过程尚未被探索。此外，关于不同组合的联系以及如何影响差异化个别公司业绩的问题本文并未涉及，这些可能是未来需要进一步的研究方向。

参考文献

Agrawal, N. M., Khatri, N., and Srinivasan, R. (2012) "Managing growth: Human resource management challenges facing the Indian software industry," *Journal of World Business*, 47 (2): 159–166.

Athreye, S. S. (2005) "The Indian software industry and its evolving service capability," *Industrial and Corporate Change*, 14 (3): 393–418.

Chaminade, C. and Vang, J. (2008) "Globalisation of knowledge production and regional innovation policy: Supporting specialized hubs in developing countries," *Research Policy*, 37 (10): 1684–1696.

Chesbrough, H. W. (2003) *Open Innovation: The New Imperative for Creating and Profiting from Technology*. Boston: Harvard Business School Press.

Cohen, W. M. and Levinthal, D. A. (1989) "Innovation and learning: The two faces of R&D," *Economic Journal*, 99 (397): 569–596.

Cooke, R (2001) "Regional innovation systems, clusters, and the knowledge economy," *Industrial and Corporate Change*, 10 (4): 945–974.

D'Costa, A. P. (2006) "ICTs and decoupled development: Theories, trajectories and transitions," in Govindan Parayil (ed.), *Political Economy and Information Capitalism in India: Digital Divide, Development Divide and Equity*. Basingstoke: Palgrave Macmillan, pp. 11–34.

D'Costa, A. P. (2009) "Extensive growth and innovation challenges in Bangalore, India," in G. Parayil and A. P. D'Costa (eds.), *The New Asian Innovation Dynamics: China and India in Perspective*. Basingstoke: Palgrave Macmillan, pp. 79–109.

Kuruvilla, S. and Ranganathan, A. (2008) "Economic development strategies and macro-and Micro-level human resource policies: The case of india's "Outsourcing" industry," *Industrial and Labor Relations Review*, 62 (1): 39–72.

Laursen, K. and Foss, N. J. (2003) "New human resouirce management practices, complementarities and the impact on innovation performance," *Cambridge

服务化、信息化和创新模型

Journal of Economics, 27（2）: 243–263.

Lundvall, B.-A.（1992）"User-producer relationships, national systems of innovation and internationalisation," in B.-A. Lundvall（ed.）, *National Systems of Innovation: Towards a Theory of Innovation and Interactive Learning*. London: Pinter: 45–67.

Maskell, P.（2001）"Towards a knowledge-based theory of the geographical cluster," Industrial and Corporate Change, 10（4）: 921–943.

Michie, J. and Sheehan, M.（1999）"HRM Practices, R&D expenditure and innovative investment: Evidence from the UK's 1990 Workplace Industrial Relations Survey（WIRS）," *Industrial and Corporate Change*, 8（2）: 211–234.

National Association of Software and Services Companies（2009）*Strategic Review* 2009. New Delhi: NASSCOM.

Okada, A.（2008）"Small firms in Indian software clusters: Building global competitiveness," in S. R. Hashim and N. S. Siddharthan（eds.）, *High-tech Industries, Employment and Global Competitiveness*. New Delhi: Routledge: 43–69.

Okada, A.（2010）"Innovation through long-distance conversations? Experience from offshoring-based software clusters in Bangalore, India," in A. Kuchiki and M. Tsuji（eds.）, *From Agglomeration to Innovation: Upgrading Industrial Clusters in Emerging Economies*. Basingstoke: Palgrave Macmillan: 204–227.

Parthasarathy, B.（2005）"The political economy of the computer software industry in Bangalore, India," in A. Saith and M. Vijayabaskar（eds.）, *ICTs and Indian Economic Development: Economy, Work, Regulation*. New Delhi: Sage Publications, pp. 199–230.

Parthasarathy, B. and Aoyama, Y.（2006）"From software services to R&D services: Local entrepreneurship in the software industry in Bangalore, India," *Environment Planning A*, 38（7）: 1269–1285.

Porter, M. E.（1985）*The Competitive Advantage: Creating and Sustaining Superior Performance*. New York: Free Press.

Porter, M. E.（1998）*On Competition*. Boston: Harvard Business School Press.

Sonderegger, P. and Täube, F. (2010) "Cluster life cycle and diaspora effects: Evidence from the Indian IT cluster in Bangalore," *Journal of International Management*, 16 (4): 383–397.

Taganas, R. A. L. and Kaul, V. K.. (2006) "Innovation systems in India's IT industry: An empirical investigation," *Economic and Political Weekly*, 41 (39): 4178–4186.

Teece, D. J. (2007) "Explicating dynamic capabilities: The nature and micro-foundations of (sustainable) enterprise performance," *Strategic Management Journal*, 28 (13): 1319–1350.

Upadhya, C. (2009) "Controlling offshore knowledge workers: Power and agency in India's software outsourcing industry," *New Technology, Work and Employment*, 24 (1): 2–18.

Vijayabaskar, M. and Krishnaswamy, G. (2004) "Understanding growth dynamism and its constraints in high technology clusters in developing countries: A study of Bangalore, southern India," in S. Mani and H. Romijn (eds.) *Innovation, Learning, and Technological Dynamism of Developing Countries*. Tokyo: United Nations University Press, pp. 178–201.

von Hippel, E. (1988) *The Sources of Innovation*. New York: Oxford University Press.

服务化、信息化和创新模型

全球经济放缓期间的出口目标和企业政策 第九章

Kaushalesh Lal、Shampa Paul

第一节 引 言

微型、小型和中型企业（MSMEs）处于发展中国家采取的经济政策的前沿，因此，在社会和行业发展中发挥着至关重要的作用。MSMEs 被认为是促进经济增长的引擎，每个国家都采用一些政策工具来扶持这些企业（Peres and Stumpo，2000：1655）。在发展中国家出口导向型工业化的进程中，MSMEs 发挥着越来越重要的作用。尽管由于企业规模和缺乏行业经验而导致 MSMEs 存在固有缺点，但它们有潜力成为发展中国家制造业出口增长的重要推动力（Moreno，1997：732；Noland，1997：101；Damaskopoulos and Evgeniou，2003：144；Lal，2004：516）。MSMEs 创造了最高的就业增长率，也在行业生产和出口中占主要份额。在印度方面，据估计，这个部门占制造业产出的 45% 左右，占出口总额的 40%（印度政府，2011）。该部门估计在全国 2600 多万个单位中雇用了约 5900 万人。

根据 2006 年"微型、小型和中型企业发展（MSMED）法 2006"的规定，可以根据其对工厂和机械（制造企业）设备（为企业提供或提供服务的企业）的规模来定义 MSMEs。对于制造企业来说，微型企业在工厂和机械设备中的投资不超过 250 万卢比，小型企业的投资不超过 5000 万卢比；中型企业的投资不超过

1 亿卢比。对于服务行业来说，微型企业在工厂和机械设备中涉及的投资不超过
100 万卢比；对于小型企业而言，投资额不超过 2000 万卢比；对于中型企业而
言，投资额不超过 5000 万卢比。

在继续深入研究之前，通过出口目的地描述印度信息通信技术（ICT）行业
的结构是很重要的。这是因为所有的样本公司都从事 ICT 产品和服务，所以全球
经济放缓将影响这些企业对特定地区的出口强度。从图 9.1 中可以很明显地看
出，对美国的 IT 出口份额大约是对世界其他国家的三倍。自从印度 IT 行业出现
以来，这一趋势并没有发生过改变。

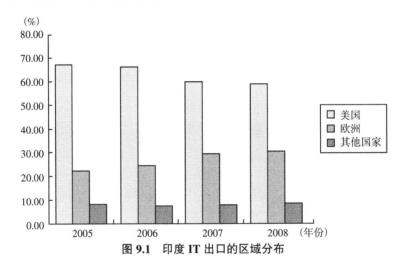

图 9.1 印度 IT 出口的区域分布

表 9.1 显示了自 2001/2002 年以来印度 ICT 行业的出口表现。表中的数据表
明，由于全球经济放缓，印度 ICT 行业也遭受了损失。从表中可以看出，当
2008/2009 年全球经济增长放缓时，年均增长率急剧下降。

表 9.1 印度 IT 部门的出口表现

单位：十亿美元

财政年	IT 服务	软件产品，工程服务	总数	年增长率
2001/02	5.8	0.3	6.1	—
2002/03	5.5	1.5	7.0	14.75
2003/04	7.3	2.5	9.8	40.00
2004/05	10.0	3.1	13.1	33.67

续表

财政年	IT 服务	软件产品，工程服务	总数	年增长率
2005/06	13.3	4.0	17.3	32.06
2006/07	17.8	4.9	22.7	31.21
2007/08	23.1	6.4	29.5	29.96
2008/09	26.5	7.1	33.6	13.90
年增长率总计	28.05	45.81	29.84	

注：年增长率不适用于 2001/02，因为前一年数据不可用。
资料来源：http：//www.nit.gov.in（accesed on July 8, 2011）.

从表 9.1 中可以看出整个 ICT 部门都在 2009 年受到了影响。因为成为一家大企业能享受到好处，所以大型 ICT 企业的影响不是那么严重，而 MSMEs 可能会受到更多的影响。因此，我们在此处关注小企业。我们假设所有类型的企业，无论是出口国还是在国内市场经营的公司都受到全球经济放缓的影响。本研究旨在调查出口导向型和非出口企业是否遵循类似的创新和技术政策。

本章的其余部分如下。第二部分讨论我们的分析框架。在第三部分探究我们的调查和方法。在第四部分形成假设，第五部分呈现数据分析和结果。最后，第六部分概括了研究结果，并提供了结论。

第二节　分析框架

在当前全球化和竞争激烈的背景下，任何企业的成功都是由创新政策所决定的。这不仅对大型企业，对小中型企业（SMEs）也同样适用。如在 ICT 这种产品淘汰率非常高的部门中，创新政策与企业绩效之间有很强的联系。此外，新技术领域不断扩大的性质为企业开展创新活动提供了大量的机会。在全球经济放缓期间，企业改善其创新政策的压力变得更大。由于本研究重点关注 2008 年经济放缓期间企业的政策，我们希望将绩效与创新政策联系起来。随着 ICT 领域的知识密集化，知识来源和知识流的作用不能忽视。

人们普遍认为，出口导向型的企业业绩高于国内市场的企业业绩。关于市场偏好、知识网络、创新政策和绩效的分析框架呈现在图 9.2 中。

从图 9.2 中可以看出，企业行为与绩效之间的关联是双向的。市场偏好与绩效之间的单向联系表明，市场偏好会影响业绩，而不是其他因素。在双向关联的情况下，这两个实体是相互影响的。例如，创新推动者和绩效之间的双向关联表明，绩效受到创新推动因素类型的影响，不同的创新促成因素对绩效的影响是不同的。

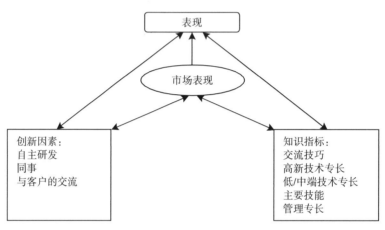

图 9.2　分析框架

假设 MSMEs 的绩效取决于它们的创新政策，影响企业创新活动的主要因素是企业的经营规模和市场份额。实际上，这种关系已被其他几项研究证实（Lal，2007：91；Lal and Paul，2010：149）。从图 9.2 中还可以看出，由自主研发工作、同事的主动性和与客户的交流等因素所组成的企业和创新推动因素的表现相辅相成。假设拥有自主研发的企业可以表现更好；另外，表现更好可以更多地投资自己的研发计划。因此，创新推动者和绩效之间的关联用双向箭头描绘。同样，由诸如沟通技巧、高科技专业知识、中低技术专业知识、主要技能和管理专长以及绩效等因素所代表的知识指标也相互影响。因此，联系是双向的。由于缺乏数据，将管理专业知识从分析中剔除。

第三节　数据和方法

研究结果基于从古尔冈和诺伊达的企业中收集的主要数据。这两个产业集群位于国家首都新德里附近，属于国家首都区的地理边界。诺伊达和古尔冈是新德里附近主要的产业集群，由新兴技术企业主导。该研究的样本由诺伊达和古尔冈的 50 家公司组成。所有样本公司属于 MSMEs 类别。所有样本公司的联系地址和其他详细信息均来自全国软件和服务公司协会（NASSCOM）。调查于 2010 年 9 月至 2011 年 1 月进行。采用半结构调查问卷作为从样本公司收集数据的工具。事先约定的受访者是公司总经理（MD）或高级管理人员。

首先收集企业出口业绩数据。随后，将公司分为两类：出口型和非出口型。"出口型"企业是那些在国际市场和国内市场上做生意的公司，而"非出口型"企业只是将其经营业务限于国内市场。虽然非出口企业在国际市场上没有做生意，但由于其许多客户在国际市场上做生意，所以它们仍然可能受到全球经济放缓的影响。对这些客户的任何影响都会影响到与他们正在做生意的国内的 MSMEs。将公司分为两类，我们预计会看到出口型和非出口型企业在经济衰退期间遵循的不同政策。具体假设在下面的小节中给出。

本章使用逐步多变量判别技术来分析影响出口和非出口公司的决定因素。判别技术被用于两个不同群组（这里是出口和非出口公司）的随机抽样样本，并通过建立一个程序（根据测量特征）来区分它们，并将每个观察值分配到相应的群组中，以最小化错误分类的可能性。其他的统计技术，例如回归分析，特别是有限信息依赖变量模型，例如，LOGIT 和 PROBIT，可以用来分析出口和非出口企业的差异行为。一方面，回归模型预先假设因果关系，并明确地要求确定依赖或预定变量和决定因素。另一方面，判别分析并不假定因果关系。虽然它需要一些关于组识别的信息，但其目的是找出判别变量的线性函数，使得判别函数分数的方差在组内最小，在组之间最大。判别分析可以把不是双向关系的变量分为两组。因此，我们认为判别分析更适合于确定两类企业的区别特征。

第四节　假　设

综上所述，样本企业被分为两组：出口组和非出口组。非出口企业只在国内市场上开展业务，而出口企业在国内和国际市场上开展业务。值得一提的是，出口企业的平均出口额占企业总营业额的 17.4%，表明它们的国内业务份额非常高。研究的主要目的是确定一般的产业政策和创新政策之间的差异，特别是两组企业之间的差异。因此，我们将行为变量大致分为两类：创新推动因素和知识指标。分析中包含的变量是内部和外部因素。最近的创新文献表明外部因素在创新计划中起着重要的作用（Vega-Jurado et al.，2008：618）。绩效也被纳入分析中，因为它是创新举措的推动力。以下小节将分别介绍与绩效、创新驱动因素和知识指标有关的假设。

一、绩效

在文献中，规模已经被视为能使企业在国际市场上冒险的资源。具有较大经营规模的企业具有更大的风险承受能力、品牌名称和价格制定能力（Lal，2004：517）。Kamal Abd-el-Rahman（1991）发现出口导向型企业的绩效好于其他企业。Kristy Hughes（1986：89）的研究发现企业规模对出口方面的绩效没有影响。而Katharine Wakelin（1997）、Nagesh Kumar 和 N.S.Siddharthan（1994：38）、Larry Willmore（1992：335）的研究认为，企业规模和出口呈倒"U"形关系，其中规模效应随着规模增加而减少。该研究的样本企业属于 MSMEs 类别。因此，我们假设出口企业的销售额远远高于非出口企业的销售额。

二、创新驱动因素

当前行业制度的特点是国内外市场竞争激烈。因此，企业的创新举措是在全球竞争环境下生存并实现繁荣的主要优势。创新活动可以主要集中于几个领域，如技术、市场、产品和人力资源。本文主要考虑三个主要的创新驱动因素："自

服务化、信息化和创新模型

主研发的努力""同事的主动性""基于客户反馈的创新"。受访者被要求给这些创新驱动因素按重要性打分（10=最重要，1=不重要）。与每个创新驱动因素有关的假设将在下面的小节中进行阐述和讨论。

直到前不久，都很少听闻小公司有研发举措。这一方面的行业活动仅限于大型企业。然而，在需要核心竞争力和全球竞争的时代，即使是小公司也不得不把资源转移到研发上。鉴于出口到发达国家的企业面临着竞争压力，我们假设在出口市场上做生意的企业创新的压力将大于在国内市场上经营的公司。值得一提的是，大多数样本公司都将其产品出口到竞争非常严峻的美国和欧盟市场。

作为创新驱动因素的同事已被纳入本研究中，以抓住员工在创新活动中的作用。董事总经理（MD）要求就创新举措对同事的重要性发表意见。意见的测量范围与其他创新驱动因素相同。在大型企业中，创新通常是指企业技术和研究人员的贡献。在 MSMEs 中，这是一个非常罕见的现象，因为小企业无力负担独立研发部门的工作人员。在小企业中，创新活动很少由员工进行；相反，这样的举措是由企业的所有者或董事总经理（MD）进行的。然而，在目前的竞争环境下，业主以外的员工也可以在小企业中提出创新产品。由于事先不知道员工在MSMEs 创新中的重要性，我们预计出口企业的 MD 可能比非出口企业的 MD 更重视创新型的员工。

本文中考虑的另一个创新驱动因素是与客户的沟通。这一创新驱动因素的重要性以十分制来衡量。与客户间的沟通已成为大型企业主要的创新因素。从最初的设计到成熟的产品，客户在一个产品的发展过程中具有关键的作用。事实上，正是产品的用户或者顾客引导了任何一种产品发展的方向。通常，这些分歧对于全球市场新手的创新是有效的。由于小公司很少从事这些重大创新活动，所以对一般 MSMEs 而言可能无效。然而，ICT MSMEs 可能会成功地执行客户特定的创新。这是因为样本公司处理 ICT 产品，并将这些产品中的客户端特定变更纳入其中是非常简单的。非出口企业的客户是本地的，他们可能会期待产品的变化，同时考虑当地的市场情况。因此，非出口企业可能更重视与客户沟通，将其作为创新推动者。与海外客户的个人互动可能要少得多，因此出口公司预计对这一创新驱动因素不太重视。

三、知识指标

整个 ICT 行业一直被视为知识密集型行业。因此，对董事总经理指定的知识水平的重要性进行调查是很重要的，这由各类指标来衡量。本研究中考虑的知识指标是：沟通技巧、高科技专业知识、中低技术专长和领域专业技能。正如前文所述，董事总经理对这些知识指标的重视程度按十分制衡量。知识对于在国际市场或国内市场处理的任何 ICT 公司都至关重要。然而，位于出口市场的客户，其需求更加知识密集。因此，我们假设，处理出口市场的企业可能比在国内市场上对各种形式的知识更为重视。

第五节　数据分析和发现

数据分析已经在两个层级上进行。第一级分析包括卡方检验的双变量表。在第二级分析中，使用了逐步判别分析的多变量技术。第一级分析的结果在紧接着的部分中给出，多变量分析的结果遵循以上发现。

一、企业特征

正如前文所述，所有样本企业被分为两组：出口组和非出口组。从表 9.2 中可以发现雇员规模和企业的出口密度之间存在联系。雇员规模最小为"4"，最大

表 9.2　出口强度和员工规模

员工规模	出口	比例（％）	非出口	比例（％）	总计
4~10	1	20.00	4	80.00	5
11~20	2	13.33	13	86.67	15
21~40	11	32.35	23	67.65	34
41~60	11	34.38	21	65.63	32
61+	10	71.43	4	28.57	14
总计	35	35.00	65	65.00	100

注：Chi-square, 11.87；Sig., 0.018。

服务化、信息化和创新模型

为"83"，平均值为"39"。

表 9.2 呈现的结果显示雇员规模和出口强度间有很强的联系。根据卡方检验，这一联系在 5% 的水平上是显著的。表 9.2 表示企业的雇员规模越小，越可能是非出口企业。而对于雇员规模大的企业来说，情况是相反的。因此，我们可知出口导向型的企业雇员规模显著大于非出口企业。结果非常符合我们的预期。ICT 中小企业的另一项研究报告也有了类似的发现（Lal，2004：516）。

表 9.3 展示了出口强度与另一种规模的衡量尺度（销售额 STO）之间的关系。2009 年（全球经济放缓开始后的第一年）的销售额已被纳入分析。销售额最少为 165 万卢比，最多为 4000 万卢比，平均值为 1872 万卢比。

表 9.3　出口密度和营业规模

营业额	出口	比例（%）	非出口	比例（%）	总计
1.7~5.05	1	16.67	5	83.33	6
5.1~10.0	3	18.75	13	81.25	16
10.1~20.0	11	29.73	26	70.27	37
20.1~30.0	11	37.93	18	62.07	29
30.1+	9	75.00	3	25.00	12
总计	35	35.00	65	65.00	100

注：Chi-square，11.74；Sig.，0.019.

从表 9.3 中可以看出，出口强度与销售额之间的联系和之前用雇员规模来作为规模的衡量指标的结果，具有相似的趋势，并且都在 5% 的水平上显著。这并不奇怪，因为总雇员规模和销售额都是企业经营规模的衡量标准。本文考虑这两种衡量标准的目的是确定 ICT MSMEs 是否遵循与 MSMEs 相同的趋势。我们最初认为，与出口导向型企业相比，国内 ICT MSMEs 的劳动生产率可能会比较低。但表 9.3 中的结果表明，两种类型的企业的劳动生产率是不变的。

表 9.4 展示了全球经济放缓对销售额和生产要素的影响。企业的董事总经理被要求对这一问题给出他们的看法，并用十分制来衡量。值得注意的是，即使是非出口企业的董事总经理也都认为他们在国外市场上的销售额出现下降。我们也许会质疑，为什么非出口企业也会因海外市场而影响销售额。在这方面，我们注意到，在调查中，虽然很多样本公司只在国内市场上运营，但是他们的客户是以

出口为导向的。因此，对客户的任何影响都会影响供应商。

表 9.4　全球经济放缓对销售额和生产要素的影响

影响类别	影响的平均值		T 值	显著性
	出口	非出口		
美国销售额	6.29	6.33	−0.070	0.944
印度销售额	7.94	7.80	0.513	0.610
美国以外的其他国家	5.00	3.63	3.287	0.002
个人生产	6.23	6.44	−0.597	0.554
成本下降	7.62	7.91	−0.819	0.417

注：Scale of influence：10=very strong，1=no influence.

为了研究对样本企业的影响程度，我们研究了与企业行为和绩效有关的五个指标对企业的影响，即：美国销售额（SalesUS）、印度销售额（SalesIND）以及美国以外的其他国家（SalesFRGN）、个人生产、成本的降低。表 9.4 中的结果表明，销往美国的平均分数对于出口企业和非出口企业几乎相同，因此 T 统计数据不重要。在"出口单位销往印度"，"人员减少"和"成本降低"中也有类似的趋势。然而，有关"销往美国以外的国家"的平均分数，出口企业与非出口企业却大不相同，并且在 1% 的水平上显著（最高的水平）。有关"销往美国以外的国家"的结果并不奇怪，因为销往美国以外的销售份额少于 ICT 出口的 25%。因此，对这些国家销售额的下降对印度企业的影响较小。对直接出口到非美国国家的企业的平均影响值为 5.00，而对非出口的企业的平均影响值为 3.63，这表明非出口企业几乎不受"销售额"下降的影响。虽然出口和非出口单位对于"出口销往美国""出口销往印度""人员减少"和"成本降低"的趋势相似，但影响力的强度也不一样，例如"出口销往美国"对出口企业的平均影响值为 6.29，而这些企业对"出口销往印度"的影响平均分差距接近 8（7.94），对非出口企业也是如此。从结果可以推断对"人员减少"和"成本降低"的影响大于在印度和美国销售额的下降。

二、判别分析

在介绍多变量分析结果之前，应考虑多因素检验中包含变量的单变量统计。

单变量统计数据如表9.5所示。

表 9.5　单变量分析

企业的行为和表现	变量	平均值/得分	
		出口	非出口
表现	STO（INRm）	24.78	15.70
创新因素	Own_RD	9.39	8.96
	Colleagues	8.67	8.6
	Comm_Cl	8.72	9.08
知识的类型	Comu_Skill	8.33	8.52
	High_Tech	6.39	6.36
	Mid_Tech	5.94	5.80
	Domain expertise	8.50	8.56

注：重要性的范围：10=非常重要；1=不重要。

由表9.5可见，出口企业的平均经营规模（2478万卢比）要远远大于非出口企业的平均规模（1570万卢比）。这些结果与之前印度ICT SMEs早期研究的结果相似。最近有关创新的文献表明创新驱动因素对企业层面的创新活动非常重要。在诸如自主研发工作、公司同事、与客户沟通、横向合作伙伴关系、行业协会、大学、研究机构、顾问、展会、学术期刊、其他公司的许可、与其他IT公司的沟通、研讨会和会议等创新驱动因素中，我们已经能够在本研究中得出包括自己的研发工作（Own_RD）、公司同事（Colleagues）和与客户（Comm_ CT）的沟通这几个因素。其余的驱动因素由于缺乏公司的董事总经理回应的样本而无法被纳入其中。

由表9.5可见所有类型的企业受访者有关创新驱动因素的意见。从表中可知，样本公司最重视"自主研发"，不论其出口强度如何。仔细观察，我们会发现出口导向型企业（得分9.39）对"自主研发"的评分高于非出口企业（评分为8.96）。正如预期的那样，正是因为在国际市场上经营的企业有很大的创新压力，这可能是出口导向型企业更加重视"自主研发"的原因。

与客户的互动被认为是第二重要的创新驱动因素。在出口企业中的平均得分是8.72，非出口企业的平均分是9.08。值得注意的是非出口企业认为与客户的沟通更为重要。其中一个原因可能是非出口企业的董事总经理认为与客户的密切互动，可使客户特定的创新适合当地的市场条件。而在出口导向型企业中，由于较远的距离，与客户之间的人际交往是不可能的，因此，这些公司的董事总经理可能认为该因素对创新的影响是有限的。这种现象可能是第一次在 MSMEs 中被发现，虽然对新的行业进入者来说创新是非常常见的。同事作为创新驱动因素的作用被出口和非出口企业评为相同。

引入董事长经理对各种知识指标的看法是本文研究的一个重要特点。从表中可以看出，非出口企业认为"领域的专业知识"是一种更为重要的知识指标，这对两类企业来说都非常重要。非出口企业的平均分为 8.56 分，出口企业的平均分 8.50 分。沟通技巧（Comu_Skill）被评定为"领域专长"。两类企业的平均成绩呈相似趋势，出口企业的分数是 8.33，非出口企业的分数是 8.52。

表 9.5 显示与沟通技巧和领域专长相比，技术专长相对不是很重要。就技术专长而言，高技术专长（High_Tech）要比低技术专长（Low_）或者中技术专长（Mid_Tech）更重要。如之前预期，出口导向型企业比非出口企业更重视技术专长。

随后，对数据进行多变量检测，结果如表 9.6 所示。从表中可以看出，四个变量——销售额（STO）、自主研发投入（Own_RD）、与客户沟通（Comm_Cl）以及中低端技术专长（Mid_Tech）——出口和非出口企业有显著区别。

表 9.6 判别式分析：总结

变量	Wilks 统计量	F-分析	显著性	标签
STO	0.790	10.879	0.002	2009 年度的销售额
Own_RD	0.917	3.716	0.061	自主研发投入
Colleagues	0.997	0.136	0.714	公司同事
Comm_Cl	0.936	2.824	0.100	与客户的交流
Comu_Skill	0.995	0.201	0.656	沟通技巧
High_Tech	1.000	0.005	0.946	高端技术专长
Mid_Tech	0.923	3.406	0.072	中端或低端技术专长
Doman Expertise	0.990	0.427	0.517	主要专长

注：重要性的范围：10=非常重要；1=不重要。

服务化、信息化和创新模型

正如我们预期的那样出口和非出口企业的销售额有显著的区别，并且符合早先与 ICT 公司有关的研究（Lal，2004：517；Lal，2007：27）。事实上，印度 ICT 行业的增长模式与 Schware（1992：163）建议的增长模式相反。众所周知，印度的 ICT 行业大都以出口为主。国内市场的份额不到印度 ICT 行业的 1/3。研究结果证实了印度 ICT 行业的这一结构。

本研究的一个独特发现是出口型企业和非出口企业对"自主研发"努力的重要性发生分歧。这与我们预期的一致。在大型企业中，"自主研发"投入是创新驱动的因素已经是一个不争的事实。他们通过自己的研发部门来进行。然而，由于资源有限，因此对 MSMEs 来说是不可能的。但是，这项研究的结果表明，ICT MSMEs 的董事总经理仍然相信"自主研发"的投入。这种现象可归因于 ICT 产业的性质，即在没有设立适当的研发部门的情况下，可以进行小的创新。公司的董事总经理不论出口强度如何，都可能依据自己的创新政策实施活动来维持生存；然而，正如所指出的那样，出口导向型企业更倾向于创新驱动这一因素。

作为一个创新驱动因素，与客户的沟通在两类企业中也有明显的差异。非出口企业更加看重这一因素，这与我们预期的相一致。非出口企业的董事总经理可以更容易地接触到他们的客户，因为他们常常处于同样的地理区域。如果公司有应用程序的源代码，那么在软件产品中很容易实现客户特定创新的结合。由于 ICT 产品的这种特征，非出口企业预计将更加重视这一创新驱动因素。

最后，除了本文考虑的四个知识指标之外，只有一个指标，即专业特长中的低—中—水平技术专长，在出口和非出口企业中有显著的差异。这也再次符合我们的预期。其他知识指标未在两种类型的企业中出现差异，这归因于其他知识指标对这两种类型的公司同样重要。

根据判别函数的得分，企业被重新分类。表 9.7 显示了企业的实际分类和预测分类。

表 9.7　分类结果

实际组别	公司数量	预测组关系	
		出口	非出口
出口	18	13（72.2%）	5（27.8%）
非出口	25	4（16.0%）	21（84.0%）

注：判别式函数的分类值：79.10%。

从表 9.7 中可见，根据判定函数，72.2%的出口企业的分类是正确的。84.0%的非出口企业分类正确。该函数的总分类能力为 79.10%，很好地超过了可接受水平。判别函数的分类能力超过 75%被认为是最合适的。

第六节　概要和结论

本研究调查了出口导向型和非出口型 ICT 企业在近期全球经济增长放缓期间是否采取了不同的创新和知识寻求政策。研究结果基于 100 个经营 ICT 产品和服务的 MSMEs。分析中包含了 8 个有关企业绩效和政策的指标。用销售额作为企业绩效的代理变量，而自主研发投入、同事和与客户的沟通这三个指标作为创新驱动因素。知识性指标有沟通技巧、高级技术专长、低—中水平技术专长、领域专长。出口和非出口企业的特征由逐步判别分析来完成。

本书研究发现，在全球经济放缓期间，出口导向型的企业的绩效仍然要好于非出口企业。这一结果被关于其他若干发展中国家的研究所证实（Lal，2004：516；Libaers and Meyer，2011：1433）。而印度方面，与预期的一致，印度的 ICT 行业主要以出口为主。Jaya Prakash Pradhan（2011：81）近期的研究发现，出口企业比纯国内市场导向的企业更有效率和具有技术动态性。该项研究还显示，2009 年度的销售增长放缓对于低研发公司的影响更为糟糕。

有关创新政策的结果表明，出口型企业比非出口企业更看重自主研发投入。而非出口企业认为与客户的沟通更为重要。在全球市场上经营的企业认为自主研发投入可以给顾客提供更加差异化的产品。这种创新可能很小，并且不是客户特定的。很明显，这是在全球经济放缓时，可在全球市场上幸存的一种方式。另外，非出口企业可能更关注客户特定的创新以适应当地市场。客户特定创新的企业可以与客户保持频繁的互动。因此，非出口企业认为与客户的沟通是更为重要的创新驱动因素。这些结果也证实了其他研究的结论（Vega-Jurado et al.，2008：617；Mudambi and Swiff，2011：430）。另一项研究同样也关注了与客户沟通的重要性（Fafchamps，2000：235）；该作者发现，加纳公司倾向于与他们已经了

服务化、信息化和创新模型

解的人做生意。

区分两种类型企业的另一个特征是在低—中—水平技术专长方面的差异。正如预期的那样，与非出口企业相比，出口导向型企业更重视这一变量。这是很容易理解的，因为国际市场上的客户正在进行更多的知识密集型活动。这便需要他们的业务伙伴更多地了解分配给他们的任务。结果也表明，企业对其他知识指标同样重视。

总结本书的研究我们发现，出口导向型企业与非出口企业遵循着不同的创新政策。在全球市场上经营的企业，在技术专长方面不同于在国内市场经营的企业。因此，从研究结果可知，在全球经济放缓期间，出口导向型企业和非出口企业遵循不同的创新和技术政策。

我们想对名古屋大学工学研究所表示感谢，让我们使用它们收集到的项目数据。我们还要感谢所有花费宝贵时间给企业提供信息的企业家们。

参考文献

Abd-el-Rahman, K.（1991）"Firms' Competitive and National Comparative Advantages as Joint Determinants of Trade Composition", *Weltwirtschaftliches Archiv*, 127（1）: 83-98.

Damaskopoulos, E. and Evgeniou, T.（2003）"Adoption of New Economy Practices by SMEs in Eastern Europe," *European Management Journal*, 21（2）: 133-145.

Fafchamps, M.（2000）"Ethnicity and Credit in African Manufacturing," *Journal of Development Economics*, 61（1）: 205-235.

Government of India（2006）Micro, Small and Medium Enterprises Development Act 2006, June 16, 2006, No. 27 of 2006, *The Gazette of India*, Extraordinary, Part Ⅱ, Section 1, Ministry of Law and Justice（Legislative Department）, New Delhi: Government of India Press.

Government of India（2011）"Annual Report 2010-11," Ministry of Micro, Small and Medium Enterprises（MSME）, available at http: //msme.gov.in/MSME-Annual-Report-2010-11-English.pdf（accessed on July 9, 2011）.

Hughes, K. (1986) *Exports and Technology*, London and New York: Cambridge University Press.

Kumar, N. and Siddharthan, N. S. (1994) "Technology, Firm Size and Export Behaviour in Developing Countries: The Case of Indian Enterprises," *The Journal of Development Studies*, 31 (2): 289–309.

Lal, K. (2004) "E-Business and Export Behaviour: Evidence from Indian Firms," *World Development*, 32 (3): 505–517.

Lal, K. (2007) *Information and communication technologies in the context of globalisation: Evidence from developing countries*. New York: Palgrave Macmillan.

Lal, K. and Paul, S. (2010) "Non-technological Innovations and Performance," *IASSI Quarterly-Contributions to Indian Social Science*, 29 (3/4): 148–165.

Libaers, D. and Meyer, M. (2011) "Highly Innovative Small Technology Firms, Industrial Clusters and Firm Internationalization," *Research Policy*, 40 (10): 1426–1437.

Moreno, L. (1997) "The Determinants of Spanish Industrial Exports to European Union," *Applied Economics*, 29: 723–732.

Mudambi, R. and Swift, T. (2011) "Proactive R&D Management and Firm Growth: A Punctuated Equilibrium Model," *Research Policy*, 40 (3): 429–440.

Noland, M. (1997) "Has Asian Export Performance Been Unique?" *Journal of International Economics*, 43: 79–101.

Pradhan, J. P (2011) "Firm Performance during Economic Slowdown: A View from India", *Economics, Management and Financial Markets*, 6 (1): 57–81.

Peres, W. and Stumpo, G. (2000) "Small and Medium-sized Manufacturing Enterprises in Latin America and the Caribbean Under the New Economic Model," *World Development*, 28 (9): 1643–1655.

Schware, R. (1992) "Software Industry Entry Strategies for Developing Countries: A "walking on two legs" Proposition," *Word Development*, 20 (2): 143–164.

Vega-Jurado, J., Guti6rrez-Gracia, A., Femández-de-Lucio, I., and Man-

服务化、信息化和创新模型

jarrés-Henriquez, L. (2008) "The effect of external and internal factors on firms' product innovation," Research Policy, 37 (4): 616-632.

Wakelin, K. (1997) *Trade and Innovation: Theory and Evidence*, Cheltenham UK, Northampton USA: Edward Elgar.

Willmore, L. (1992) "Transnationals and Foreign Trade: Evidence from Brazil," *The Journal of Development Studies*, 28 (2): 314-335.